LAGOM

JN134442

"私にとって、ちょうどいい"
スウェーデンの幸せ哲学

LAGOM
【ラーゴム】

ニキ・ブラントマーク 著
稲垣みどり 訳

TOYOKAN BOOKS

Originally published in English by HarperCollins Publishers Ltd under the title:
LAGOM: The Swedish Art of Living a Balanced, Happy Life © Niki Brantmark
2017

Translation © TOYOKAN PUBLISHING CO.,LTD. 2018 translated under licence from HarperCollins Publishers Ltd

Niki Brantmark asserts the moral right to be identified as the author of this work.

Published by arrangement with HarperCollins Publishers Ltd, London through Tuttle-Mori Agency, Inc., Tokyo

LAGOM
"私にとって、ちょうどいい"――スウェーデンの幸せ哲学

2018年（平成30年）10月30日　初版第1刷発行

著　者	ニキ・ブラントマーク
訳　者	稲垣 みどり
発行者	錦織 圭之介
発行所	株式会社東洋館出版社
	〒113-0021　東京都文京区本駒込5-16-7
営業部	TEL 03-3823-9206／FAX 03-3823-9208
編集部	TEL 03-3823-9207／FAX 03-3823-9209
振　替	0018-7-96823
Ｕ Ｒ Ｌ	http://www.toyokanbooks.com
装　幀	小口 翔平＋岩永 香穂（tobufune）
本文DTP	芹川 千博（株式会社明昌堂）
スウェーデン語読み監修	株式会社アミット

ISBN978-4-491-03567-3 Printed in China

●訳者略歴
稲垣 みどり
翻訳者。上智大学文学部英文学科卒業。幼少時の大半をヨーロッパで過ごす。日本興業銀行（現・みずほ銀行）を経て外資系金融会社に勤務。主な訳書に『ビッグデータ時代襲来 顧客ロイヤルティ戦略はこう変わる』（アルファポリス）、『大統領の疑惑』（キノブックス）、『世界最高の学級経営』（小社）、『アイコン的組織論』（フィルムアート社）、『図解実践 世界最高の学級経営』（小社）、共訳書に『呼び出された男―スウェーデン・ミステリ傑作集―』（早川書房）、『スパイス三都物語　ヴェネツィア・リスボン・アムステルダムの興亡の歴史』（原書房）などがある。

人生において大切なものを
思い出させてくれた、家族へ

目次

ラーゴムとの出会い 8

01
日々の暮らしとラーゴム 12

02
身近な人たちとの関係とラーゴム 118

03
社会との関わりとラーゴム 204

結びの言葉 280

注釈 282

索引 284

写真協力 287

謝辞 288

14年まえ、スウェーデンの友人が夏休みをいっしょに過ごそうと、私を誘ってくれました。

　夏のスウェーデンは日が長く、私たちは焼きたてのワッフルにイチゴジャムをのせて食べ、海で泳ぎ、思いっきり太陽を浴び、スウェーデンの西海岸を満喫しました。毎日が気楽で、ややこしいことは何もありません。予定に追われるでも、手のこんだ食事をつくるでもなく、仕事のことはすっかり頭から消えていました。夏の気候を楽しみ、自然の恵みを存分に受け、ゆったりと家族や友人たちと過ごすという日々。恋が芽生えるのには、おあつらえ向きの状況です。イギリスで生まれ育った私は、スウェーデン人の現在の夫、そしてスウェーデンの生活スタイルそのものに恋をしました。

　ゆったりとした、あくせくすることのない生活のとりこになったのです。1年後、夫と私のどちらが"大移動"をするか話し合ったときには、「ヨーグ（私）！」と言うより先に空港に向かっていたほどでした。

　スウェーデンの生活に馴染むにつれ、穏やかに過ごすのは、ここでは休暇にかぎったことではない、と気がつきました。職場でも、仕事を中断してフィーカ（fika／コーヒーとおやつを楽しむ休憩）をときどきとるのが、ふつうです。子どもたちは就学まえに（イギリスの同い年の子どもと比べて）2年間多く遊んで過ごします［訳注：イギリスの義務教育は5歳から、スウェーデンは7歳からと定められています］。そしてクリスマスや夏至のお祝いには、何よりも親しい人たちといっしょに過ごすことを大切にします。つまりスウェーデンの友人たちはすべてにおいて、時間をかけてちょうどいい具合に行うのです。それも、素敵な、シンプルなやり方で。

ある日、移り住んだマルメ［訳注：スウェーデンの３大都市のひとつ］でのディナー・パーティーの場で、私はこの生活スタイルの根っこにある哲学を教わりました。

「Lagomという言葉、知ってる？」。スウェーデン人の友人たちが、聞いてきました。「英語には、ぴったりの訳語はないんだけど」と誇らしげに言います。

「えっと、"完璧"ということ？」。私は聞き返しました。

「ううん、完璧とはちがう。"ちょうどいい"という感じかな」。そう言って、みんな互いにうなずきあいました。

　Lagomは"ラーゴム"と発音し（英語の"far"という単語のように"ラー"と伸ばし、"from"のように短く"ゴム"となります）、スウェーデン人の精神に深く染みこんでいる、何よりも重んじられている概念です。"すべてにおいて中庸"や"多すぎず、少なすぎず"というふうによく説明されます。ラーゴムとは、あなた自身にとって、ちょうどいいバランスを見つけることです。たとえば、いい湯加減なら「ラーゴムなお湯」。適切な働き方なら「ラーゴムに働く」。はき心地のいいズボンなら「ラーゴムなズボン」。そういう言い方をします。どんな文脈にでも使える言葉で、それが魅力です。

　ラーゴムは、もとをたどればヴァイキングの時代の、ラーゲット・オム（Laget om／仲間と分けあう）という言葉から来ていると言われています。輪になって、ミード（蜂蜜酒）を入れた容器や角をまわすときに、全員にいきわたるよう、それぞれが"ちょうどいい量"だけを飲むのが大切だったのです。ふだん私たちが道徳的な基準を考えるときに、真っ先にヴァイキングを思い浮かべることはないものの、彼らはそういうところは心得ていたようです。現在、ラーゴムはスウェーデンの公平と平等を重んじる文化や社会理念と結びついています。スウェーデン人は自立心が強い面もありますが、よいことのためには協力し合うことでも知られています。"ちょうどいい量"をとることは、誰かがためこん

だり、誰かが足りなくなったりということをなくすための、第一歩なのです。

　仕事や遊び、家族やほかの人たちとの関係、休暇、お祝い、インテリア・デザイン、地球に優しい生き方など、どんな場面においてでも、スウェーデン人は"ラーゴム　エー　ベスト"──ちょうどいい量がいちばん、ほどほどが大事だと教えてくれます。

　そうはいっても、スウェーデンにも"やりすぎ"はあります。もしもスウェーデンで夏至のお祭りを体験したことがあるなら、あるいはスウェーデンの（強烈に濃い）淹れたてのコーヒーを飲んだことがあるなら、おわかりでしょう。でも彼らは、たとえばお祭りのあとに自らを戒めて、節制したりはしません。いつものほどよい生活に戻って、そんな毎日を楽しむだけです（次のお祝いの時期までは！）。

　適度な、心地いい、バランスのとれたやり方を意識することで（そして不完全さのなかに完全を見いだすことで）、あなたは自分自身がプレッシャーから解放されるだけではなく、まわりの人たちのプレッシャーをも取り除くことになります。そして現代においてもっとも貴重な資源である、時間を手に入れることができます。

　週7日、24時間つながりっぱなしで、やるべきことが山積みの世のなかで、みんながすこしペースを落として、ストレスを減らし、好きなことに費やす時間を増やす人生を送れたなら、それはすばらしいことです。

　もちろん、あなたは生活のなかのさまざまな場面で、すでにラーゴムを実践されていることでしょう。本書で紹介するアイデアを読むことで、あなたが自分に合ったやり方で、さらに意識的にラーゴムを取り入れるようになっていただければうれしく思います。日々の暮らしのなかにわずかな変化を加えることで、バランスは整っていきます。そして人生でいちばん大切なことに、時間を使えるようになります。たとえそれが、1日のなかでフィーカを楽しむ時間をとるという、ささやかなことであっても！

01
日々の暮らしとラーゴム

ラーゴムな家

幸せは、家からはじまります（"思いやりの精神は"ともいうかもしれませんね）。いずれにしても、私たちの感じるストレスレベルは、環境に左右されることが研究で明らかになっていますし[1]、ひいては健康状態にも影響します。
家は、私たちが1日のスタートを切り、終える場所です。スウェーデン人の本当にすばらしいところを挙げるとしたら、それは家のなかではないかと私は思っています。
典型的なスウェーデンの家は、ラーゴムの本質そのものです。閑散としすぎることも、ゴタゴタしすぎることもなく、ミニマルとまではいかず、凝りすぎることもありません。
つまり、ちょうどいいバランスを保っているのです。
どのようなやり方をしているのでしょうか？

飾りつけに関しては、スウェーデンではかなり控えめです。壁は白か淡いグレーが一般的です。こうしたやわらかい色を使うと部屋はあかるくなりますし、気持ちがとても落ち着きます。派手さや、騒々しさ、大胆な模様などはなく、ひたすら穏やかです。
　家具やインテリア用品も、慎重に選びます。買い足すのも、シンプルで実用的なものです。過剰なものはなく、余分なフリルがついていたり、デザインがどぎつかったりするものは見かけません。ものを置くときは息苦しい感じにならないよう、まわりに十分にスペースをとります。そうすることで、それぞれのものの美しさも引き立ちます。そして家というのは最終的には、忙しい外の世界に対する安息の地であり、ささやかなオアシスとなるのです。

家のなかを
すっきりさせる

　一般的に、スウェーデン人は家をすっきりと保つ能力に長けています。ものを多く持ちませんし、ためこむこともしません。ラーゴムな生活を目指すなら、まずは家のなかをゴタゴタさせているものを手放していきましょう。

片づけを行うべきサイン

+ 絶対に使わないものがいっぱいの部屋、あるいは棚がある。

+ あるいは、ゴタゴタしたものをしまうのに、もうひと部屋あればいいのに、と考えている。

+ 探しものを見つけるのに、5分以上かかる。

+ 友達が家に遊びに来ることを想像すると（あるいは、事前の連絡なしに突然訪ねてきたら、と考えるとさらに）ストレスを感じる。掃除がとても大変だから。

+ 使わないもの、あるいはとくに気に入っていないものを持っている。

　もうすっきりと片づいた、心が落ち着く家で暮らしています、という方がいたら、すばらしいことです！　すでに（すくなくとも家庭では）ラーゴムな生活を送っているということですから。ですが、もし上の項目がひとつでも当てはまるようなら、やるべきことがあります。

片づけ

　私たちは、往々にして、ものを多く持ちすぎる傾向にあります。1984年ごろの写真が詰まった箱が棚いっぱいにあったり、レンガのような古い携帯電話をいくつもとっておいたり、引っ越すまえの家の庭にあった物置の鍵を持っていたりします。ついつい何でもためこんでしまうのは、そう、ものを捨てるのは難しいからです。買ったときには、きっといつか必要になるはず、と思ったのかもしれません。まだ値札がついたままで、新品のものを捨てるのは忍びない、と感じている場合もあるでしょう。あるいは絶対に使わないとわかってはいるけれど、プレゼントとしていただいた、あるいは親から受け継いだものなので捨てられないのかもしれません。どんな事情があるにせよ、ものがあふれていると家が雑然とし、それはあなたの健康に影響を及ぼします。

　片づけは不可能なことではありません。しかも、一種のセラピーのような役割を果たすこともあります。経済面でも、感情面でも、身体面でも恩恵をもたらし、さらにはくつろげる家への道を開きます。さっそくはじめましょう。

"役に立たないもの、
美しいと思わないものを、
家に置いてはならない"

ウィリアム・モリス

あなたの家を片づける
シンプルな10の方法

片づけ用のToDoリストをつくる。 タスクを終えたらひとつずつ消していく。

1日10分間、毎日時間をとってタスクをひとつやるようにする(そう、小さな1歩1歩が大切です)。

1部屋ずつ、順番に。 3つの箱を用意します。それぞれ"とっておく"、"寄付またはリサイクル"、"捨てる"用です(経験から言うと、"とりあえず保留"用の箱はつくってはいけません!)。

"ひとつ増やしたら、ひとつ減らす"のルールを守る。 ものを買ったら、何か捨てる。

1日にゴミ袋ひとつを、不要なもので満たす。

ものがたまりやすい場所を、減らす。 洗面用品には専用のトレイやカゴを、書類にはファイルを用意する。新しいものが入らなくなったら、考えどき。何かを捨てる。

なかのものをすべて出す。 ワードローブのなかからハンガーを5つ減らし、好きな服から順にしまっていく。ハンガーにかからなかったものは、処分する。

思い出ボックスをつくる。 あるいは仕切りのあるファイルなどを使い、子どもの描いた絵や大切なものをしまう。

カゴやバッグを置く。 階段の近くや、散らかりがちな場所に置き、気づいたものを入れていく。いっぱいになったら、中身を吟味し、それぞれのあるべき場所に戻す。

"ワン・タッチ・ルール"を守る。 書類は届いたらすぐに、リサイクルする、ファイルする、処理する、のいずれかに分類する。

家のなかを
ラーゴムにしつらえる

　スウェーデン人は、実用的で見た目に心地よく、かつ手頃に家のなかをしつらえるやり方を、本質的に知っているようです。私が観察したところ、その秘訣は時間をかけてじっくりと目的と意味のある品を選ぶことにありました。たとえばすわっていて疲れない快適な読書用の椅子、空気をきれいにするのに役立つ植物、目にしたときに思わずにっこりしてしまうような飾りなど。

　スウェーデンの家に入ると、量産品から選んだもの、ヴィンテージや中古品の掘り出しもの、お下がり、手づくりのもの、植物や小石、貝殻や松ぼっくりなどの自然のなかから取り入れたものなどが目に入るはずです。素材はしっかりしていて、形は流行に左右されないものです。

　あまりものを買わず、家のなかに置くものを慎重に選ぶので、ひとつひとつが生き生きと存在感を持ちます。自分にとって美しく意味のあるものを辛抱強く探すため、手に入れたらずっと大事にします。こうしたものは、次の世代にも同じように大切にされるはずです！

新しいほうがいいとはかぎらない

　もともと好奇心が強いほうで（しかもインテリア好きなので）、スウェーデンには、初めて来たお客さんに家のなかを案内する習慣があると知ったとき、どんなにワクワクしたことでしょう。家のなかを見せてもらうと、ここではみんなが家具のとり合わせのセンスがあることに気づきました。とくに古いものと新しいもの、ヴィンテージものとモダンなものの配置のバランスが、見事だと思います。控えめで、スウェーデン人の考え方と一致しています。高価なデザイナーものの照明や肘掛け椅子をミッドセンチュリーの食器棚と組み合わせることで、家のなかは華

やかさもありつつ、統一感もある雰囲気になります。もちろん、デザイナーもののインテリアを何点か使う場合もありますが、悪目立ちするほどではありません。

　家を心地よく（スウェーデンでは、ミーシガレと言います）、独特の魅力を持たせるのは、ヴィンテージものではないかと思っています。そこには物語が感じられるだけではなく、環境にいいことをしているという気分にもなります。しかも中古のものは驚くほど格安で手に入るので、"ある人にとってはいらないものでも、ほかの人にとっては宝"なのです。

中古品を買いにいくときの 6つのコツ

リストをつくる。 近所の中古品を扱う店、フリーマーケット、バザーなどを書きとめます。そしてさらにすこし離れた場所も考えましょう。郊外の、小規模なフリーマーケットで掘り出しものが見つかることはよくあります。あなたが買いたいと思っているアイテムもリストにしておきます。

状態を確認。 なるべく直接アイテムを見て、ダメージがどのくらいあるか確認します。もし直接見るのが難しいようなら、写真を送ってもらって傷やへこみを確認し、性能に問題がないかも確かめましょう。

まず測る。 アイテムを置こうと考えている場所の寸法を正確に測っておき、買いものにもメジャーを持参します。

柔軟性を持つ。 探しているものにぴったりではなくても、同じように素敵なものが出てくるかもしれません。

早めに到着するようにして、現金を持参すること。 いいものから売れていきますので、すぐに買えるよう、準備をしていきましょう。値段で迷った場合は、ネット上で似たようなものを探すと参考になります。

お出かけのつもりで。 めぼしいものが見つからなくても、友達とのドライブはいつでも楽しいものです。

柔軟性を持つ

　ラーゴムを体現しているブランドがあるとしたら、それはイケア（IKEA）です。もちろん、スウェーデンで誕生した会社です。"より快適な毎日を、より多くの方々に提供する"というヴィジョンのもと、機能的かつすっきりとした家具をつくり、平たくかさばらない梱包と、手頃な価格で知られています。

　色々な用途に使える家具を生産しているのは、イケアだけではありません。たとえばいまでは、ほかの用途にも使えるソファーは珍しくなくなりました。なかが収納スペースになっていたり、ベッドになったりするものがあります。サイドテーブルにも、トレーや、雑誌を入れるケースが取り外せるものも出ています。多目的の家具に投資することで、必然的に購入する家具の数は減り（結果的に節約にもなります）、柔軟性を持つことができます。

合理的に考える

　家庭は、あなたが幸せを感じてリラックスできる、機能的な場所であるのが理想です。暮らしやすい、というのが何より大切です。スウェーデン人は、生活をして、食事をし、睡眠をとる場所を確保する達人です。どんなに狭いスペースであっても、それは変わりません。あなたにとって大切な時間は何かを考えて、そのための場所を（どんなにささやかであっても）確保しておきましょう。ひとつのエリアでふたつのことができることに気づくかもしれません。

内なる大工を引きだす

　手頃で、かつ満足度の高い選択肢として、DIY（手づくり）は、ラーゴムな生活に浸透しているものです。スウェーデン人の夫は、当たり前のように、家に木の床を敷きましたし、何かが壊れると女友達が自分の工具箱を取り出す、というのもふつうにあることです。私自身はまだまだ未熟ですが、日曜大工は解放的で充実感も得られて、意外なほど気づきの多いものです。もしすでにお持ちでないなら、工具箱を手に入れて、インターネットでやり方を検索して、内なる大工を解き放つことをおすすめします！

CREATE
工具は見せる収納に

―――――――――――――▽―――――――――――――

　手の届くところに工具を置いておきたいと思われるなら、書斎かガレージに壁面収納をつくると、とても便利ですし、見た目にもかっこいいものです。必要なのは、有孔ボード（大きな工具店には必ず置いてあります）と、工具をかけるための付属品（フックやピン）です。そこにはさみやガムテープ、頑丈な工具も収納できるようにしましょう。あなたの創造力が大いに発揮されるはずです！

工夫を楽しむ

　スウェーデン人の創造力には、私はいつでも驚かされます。ものを生まれ変わらせたり、一からつくりだしたりする名人なのです。お料理やお菓子はもちろんのこと、ほかにも友人たちはさまざまなものをつくり出し、私はよく感動します。手編みのクッションや手製のトレー、それにランプやキッチンスペースでさえ、電動ドリルを取り出して自分でつくってしまうのです。

　アートや工作は、スウェーデン人のDNAに組みこまれているのかもしれません。幼いときから親がものをつくるのを見て育ち、学校では全員が裁縫、料理、工作を習うので、技術に磨きがかけられます。こうしたことは、今日(こんにち)では"スロー・ライフ"と呼ばれ、週7日、24時間休みなしの忙しい日々の解毒剤となっています。ものづくりには多くの気づきがあるだけでなく、癒やしにもなり、精神的な充足も感じられるものです。家で楽しめるものづくりをいくつかご紹介しましょう。

シンプルな手直し

　テーブルやサイドボードを、捨てようと考えていませんか？　ペンキを塗り直してみたり、取っ手をつけたりしてみてはいかがでしょう。色が変わると、あなたが欲しいものに近づくかもしれませんし、サイドボードの引き出しに革やセラミックの新しい取っ手がつくと、空間自体が新鮮に感じられたりするものです。

HOW TO MAKE
電球を花瓶に つくり変える方法

▽

このDIYアイデアはきれいで簡単、しかもコストがまったくかかりません！

用意するもの

+ アイ・プロテクター（保護用メガネ）
+ ペンチ
+ 電球1つ
+ はさみ
+ ひも（より糸、麻ひもなどお好みで）

1. アイ・プロテクターをかけ、ペンチで電球の底にある中心電極をつまんで、ねじり取る。

2. 金属の部分を持ち、1であいた小穴にペンチの先を当てて、絶縁体を割っていく。割れた破片は、ペンチでつまんで取り出す。

3. 金属の部分を持ち、ペンチを使ってマウント（フィラメントのまわりのガラス）を割る。ガラスやフィラメントなど中身をすべて取り除く。細かい破片が取りきれない場合は、水でゆすいで取り除く。

4. ひもをお好みの長さにカットし、電球の口に巻きつけて結ぶ。

5. なかに水と生花（あるいは好きなもの何でも）を入れ、電球の花瓶を窓辺につるす。

心地よく、より自然に近づく

　ミニマリズムは冷たい印象で魅力を感じられない、と思いこんでしまっていませんか。ですがすこし創造力を用いれば、そんなことはなくなります。ご想像通り、スウェーデン人はこうしたことにかけては、名人の域に達しています。秘訣は、自然を取り入れることです。手つかずの森も、海岸も山も身近なので、スウェーデン人は家のなかに自然の素材をたっぷりと取り入れているのです。木や革、フェルト、ウールや石など、手触りのいいものを思い浮かべてみてください。シープスキンの掛けものが椅子の背もたれにかかっています。わずかな隙間風でも吹けば、すぐに広げられるようにウールのブランケットが用意されています。コットンのラグが床にランダムに置いてあります。

　家のなかのしつらえを考えるとき、スウェーデン人を参考にして、形や手触りがさまざまな自然の素材を取り入れてみてはいかがでしょう。ものをほとんど置いていないスペースでも、シンプルな木製のコーヒー・テーブルやシープスキンの掛けものなどがあるだけで、どれだけあたたかみが感じられるか、不思議なくらいです。

自然を室内に取りこむ

　自然を取り入れてみようと思ったら、外に出て素材を探してみましょう。野生の草花や鳥の羽、木の枝、松ぼっくり、小石、貝殻などが、ビーチや森のなか、あるいは舗装されている道の隙間で見つかるかもしれません。こうしたものを窓辺や棚に並べたり、ダイニングテーブルの中央にディスプレーしたりすると素敵です。大自然とつながりが持てますし、穏やかでバランスのとれた雰囲気が生まれます。

家のなかでも元気に育つ
６つの観葉植物

　スウェーデンの家では、窓辺に植物が並んでいたり、部屋の隅に青々とした植物が置かれていたりして、部屋をあかるくしています。何かわけがありそうですね。研究によると、部屋にひとつでも植物があると、ストレスレベルが下がり、有害物質を除去して空気をきれいにしてくれるそうです。気持ちが上向き、生産性が上がり[2]、集中力と記憶力もよくなる——要するにより幸せを感じられるようになるのです。それに植物があることで、家のなかも生き生きとします。

＋ゴムノキ

＋トラノオ／サンセベリア

+ドラセナ・コンシンネ

+オリヅルラン

+アロエベラ

+カシワバゴムノキ

植物のチカラ

　多くの人にとって植物は、ただの緑の飾りではありません。生きている友達です。告白すると、私には名前をつけている植物もありますし、友人たちに聞いてみたところ、それは珍しいことではないようです。うちでいちばん大切にしている木は、もともと義理の祖父の家の植木から挿し木をしたものです。残念ながら祖父はもうかなりまえに旅立ちましたが、その木は、祖父の思い出とともに生きつづけています。

　友人や親戚の植物をすこし切ってわけてもらったり、何かの記念にわけてあげたりしてみてはどうでしょうか。お金もかからない上に、特別な思い出になります。ひょっとしたら、何世代にもわたって生きつづけるかもしれません！

シンプルに

　大きなブーケではなく、花瓶に1輪の花を挿してみましょう。花の繊細な形や色に気づくことでしょう。

花瓶だけにとらわれない

　ホームパーティーを予定されていますか？　それなら、たとえばお庭の花を摘んで、壁に貼りつけてみてはいかがでしょう。即席の季節感あふれるディスプレーになります。

　もうすこし長持ちさせたいなら、好きな葉っぱを選んで摘み、2枚のガラスを使ったフレームのなかに入れます。壁にかけても、窓辺に飾っても、美しいものです。

"ときに可憐な1輪の花が、
ブーケよりも雄弁になる"

イルッカ・スッパネン
フィンランドのインテリアブランド
be & livのデザイナー

THREE CREATIVE WAYS
自然を思い出に変える３つの方法

▽

　広大な大自然を楽しむのはすばらしいことですが、仮に室内に閉じこめられていたとしても、その恩恵を受けることはできます。オランダのアムステルダム自由大学医療センター（VU University Medical Center）の研究によると、自然の画像を見るだけでも、ストレスレベルが下がる効果があるそうです[3]。

　以下のアイデアは、（研究によれば）ストレスをやわらげる効果があるだけでなく、心も体もすっきりリラックスできる空間へと私たちを連れ戻してくれます。

＋壁をギャラリーに見立てる。 これまでの休暇で楽しんだ夕日の写真をランダムに飾ります。もうひと手間かけられる方は、それぞれの日付と場所がわかるラベルなどをつけておくと、記憶が呼び起こされ、時間をさかのぼることができます。

＋ビーチを瓶に。 サーフィンやビーチで寝そべるのが好きなら、砂をすこし持ち帰り、ガラスの瓶に入れてビーチの名前を書いておいてはいかがでしょう。さまざまな色の砂はきれいですし、海辺でののんびりした日々を思い出させてくれます。

＋好きな景色の写真を飾る。 子どものころよく遊んだ海の景色、収穫の時期を迎えた田畑、あるいは週末に散歩を楽しんでいる森などはいかがでしょう。

光あれ！

　白夜の夏、そして長く暗い冬で知られているこの国に住んでいると、スウェーデン人が光に、並々ならぬこだわりを見せるのがわかります。あたたかい国では日陰を中心に家づくりを考えるのに対し、北欧の建築や内装は、光を最大限に取りこむことに重点を置いています。

　窓辺が暗くならないように、カーテンは透けるものをかけて、自然光をなるべく多く取り入れます。壁は白か淡いグレーにして、家のなかで光があちこちに跳ね返るようにしています。何かいいことがあるのでしょうか。多くの研究の結果、自然光は、気分の落ちこみに効果があり[4]、回復を助け、仕事に対する満足度を上げ、パフォーマンスをよくすることがわかっています。ぜひ太陽の光を取り入れましょう！

闇もあれ！

　夏には窓から24時間自然光が入ってくることを思うと、スウェーデン人は眠れるのかしら、とお考えかもしれませんね。でも、どこの家の窓もよく見ると、遮光ブラインドが巻き上げられているのに気づきます。夜になると、これを下ろすのです（スウェーデン人は光を取り入れることにこだわるものの、睡眠は極めてしっかりと確保します！）。

あかりを灯す時間

　夜、スウェーデンの街を歩いていると、レストランやカフェ、民家に、あたたかみのある光が灯されているのに気づきます。感じがよく、目に優しく、癒やされます。スウェーデン人は家をやわらかい、黄金色の色合いであかるくする才能に恵まれていますが、これは私たちも簡単に取り入れることができます。家のなかのあかりをすこし控えめにしようと考えているか、近いうちにスウェーデン人を家に招く予定があるのなら（あかりの調子が合わないと、彼らは冬眠から目覚めたばかりのクマのように落ち着かなくなります）、簡単な方法があります。居心地のいい空間をつくる、雰囲気のあるあかりは、光の色を数値で表した色温度（単位はK（ケルビン））が参考になります。キャンドルの光は約1500Kに相当し、曇っているときの日光は7000Kくらいなので、2700Kの電球を求めると、ちょうど日の出の時間に見られる、美しい黄金の、あたたかみのある光が手に入ります。

［訳注：現在日本国内で販売されているLED電球の多くは、電球色、昼白色、昼光色といった色名が表記されています。各色の色温度の目安は、電球色は3000K、昼白色は5000K、昼光色は6500Kです］

　電球の準備ができたら、ちょっとした技があります。壁の上のほうは比較的暗いままになるように、真んなか～低めの位置に、控えめなやわらかいあかりを設置するのです。あるいは、あかり自体を家具や電化製品のうしろに隠し、どこから光が出ているのか見えないようにしてしまう、という方法もあります。それでも壁の下のほうや、部屋の隅はあたたかく灯され、どこか謎めいた親密な雰囲気が醸しだされます。

色温度の目安

実用的な照明

　スウェーデン人は非常に現実的であることも、忘れてはなりません。つまり室内のあかりは、どんな用途にも対応できるものにしています。それぞれの部屋がどう使われるかを考え、天井の照明や間接照明を慎重に配置しているのです。調光機能がついた照明器具に、調光器対応タイプのLED電球[5]をつければ、同じあかりを複数の用途で使うのに、とても便利です。薄暗い雰囲気を楽しむことも、あかるくして読書などに集中することもできます。

キャンドルのあかり

　ゆらめくロマンチックな、キャンドルのあかりを好きでない人なんているでしょうか？　やわらかく、あたたかいこのあかりは、暗すぎず、眩しすぎず、顔の輪郭をきれいに見せます。どの国でもレストランや特別な場面で、キャンドルが使われているのは、もっともですね。

　スウェーデンでは、キャンドルが生活の大切な一部になっています。薄暗い朝には、朝食のテーブルにキャンドルをひとつ置くとあかるくなります。外で静かに雪が降る寒い夜には、電気のほかにキャンドルも灯します。

　暗くなりはじめたら、家のなかにいくつかキャンドルを置くと、心が落ち着きます。ぜひ試してみてください。生活の場にいくつか置いたり、たとえば曜日を決めて定期的にキャンドルのあかりのディナーを楽しんだり、ふだんは暗い隅っこにキャンドルを灯してみたりして、1日のストレスが消えていくのを感じましょう。

キャンドルのあかりで
ラーゴムなひとときを

キャンドルのあかりで朝のコーヒー

お日様が顔を出すまい、としているような日もありますよね（とくに冬に多いです）。娘の通っている保育園では、キャンドルのあかりのもとで朝食をとることがよくあります。穏やかで心地いい雰囲気で、1日がはじまります。あなたの朝にも、自然のあかりを取り入れてみてはいかがでしょう？ キャンドルのあかりでコーヒーをいただくのは、誰にとってもきっと楽しいものです。

キャンドルを配置するコツ

正式なテーブルマナーによると、テーブルにはすくなくとも枝つき燭台を2台以上、あるいはキャンドルを4本以上置くことになっています。ですがルールは破るためにあるもの、ですよね？ 小ぶりのティーライト［訳注：アルミカップに入っている、小さな円柱型のキャンドル］をテーブルの端から端まで、ランダムに置くのも、とてもきれいだと思います。あたたかい夜には、ティーライトを入れたジャムの容器を木の枝にぶら下げると、戸外の食事に素朴な味わいが生まれます。

思いがけない場所にキャンドルを

キャンドルは、リビングやダイニングルームだけのものではありません。ふだん置かないような場所、たとえばお手洗いや洗面所に置くのはどうでしょうか。キャンドルのやわらかい光のもとでリフレッシュするのは、お客様にも好評です。

あたたかいお出迎え

ディナー・パーティーかお祝いごとで人を招く機会があれば、大きくてシンプルな屋外用キャンドルを玄関のドアの両側に置いて、あたたかい歓迎の意を表しましょう。

きれいに保つ

　家族や友人が遊びに来ると、スウェーデンの家があまりにきれいなのに、みんな驚きます。塵ひとつ落ちていませんし、蜘蛛の巣や土も、もちろん見えません(スウェーデン人でも、散らかし気味の友人たちは笑うかもしれませんが、私の観察したところによると、そうです)。

　掃除の神様になる秘訣を綴るには、それだけでもう1章必要です(それに私は、なんというか、より"ゆるい"アプローチをとっているので、その執筆には向きません!)。ただ私が感銘を受けた北欧の"きれいを保つ"習慣ふたつを、紹介したいと思います。

見て! 靴を履いていない

　スウェーデンで、決して行ってはいけないことがひとつあるとすれば、それは人の家に靴を履いたままあがることです。ちょっとコーヒーを飲みに立ち寄るのでも、正式なディナーに呼ばれたときでも、どんなときでも例外はありません。ホームパーティーに招かれると、ドアのところに客の靴が並び、みんな靴下姿で談笑しています。

　考えてみると、これはとても合理的なのです。イギリスの会社、ラグ・ドクター(Rug Doctor)[6]は靴の底の物質を調べる調査を行い、大腸菌やサルモネラ菌など、さまざまな病原菌、それに人間や動物の排泄物由来の細菌を発見しました。泥や汚れ、微生物なども、もちろん付着します。

　靴を脱ぐことで、フローリングもカーペットもきれいに保てます。さらに下の階に人が住んでいれば、ヒールのコツコツという音が響かないことにおおいに感謝されるでしょう!

外で履く靴を家のなかに入れない方法

どうすれば、みんながドアのところで靴を脱いでくれるでしょうか？ 解決には、楽しいやり方がいくつかあります。

家に入ったときに、靴を脱ぐ専用の場所を決めておいてはどうでしょう。そしてバスケットに履き心地のいいスリッパや分厚いウールのソックスを入れて、ドアの横に置いておいては？ 家のなかがきれいに保たれるだけではなく、お客様にもリラックスして過ごしていただけます。

カーペットをやめて、マットにしてみる

スウェーデンの家で、床全体に敷き詰められたカーペットを見かけることは、まずありません。「くつろいだ雰囲気になるし、いいものなのに」と私は残念に思います。「でも、非衛生でしょう！」とスウェーデン人たちは、顔をしかめるのです。たしかに、それには一理あります。

カーペットを清潔に保とうとするなら、質のいい掃除機か、専用の洗浄剤の力を借りるのがせいぜいです。その点マットは外ではたいたり、洗濯機で洗ったり、ドライクリーニングに出したりすることができます。しかも場所を移動したり、取り替えたりが自由自在です。ウィン・ウィンですね！

つつましやかな、裂き織りマット

　スウェーデンの家を見てまわると（とくに田舎の住まいでは）、トロースマッタ（trasmatta）という裂き織りマットが目につくことでしょう。この伝統的なマットは、織機で手づくりされるのがふつうで、着古した衣服や、古いマットの切れ端が使われます。トロースマッタはお店ですぐに買えますが、手づくりして古い生地に新たな命を吹きこんでみてはいかがでしょうか。とても楽しいものですし、織機が手近になくても、かぎ針編みでつくれます。やり方については、ユーチューブの動画がたくさん出ています。

足にご褒美

　もし足裏の感触はやわらかいものがお好みで、かつ家のなかを清潔に保ちたいなら、マットをいくつも敷いて、床全体を覆ってみてはいかがでしょう？　似たようなトーンで統一感を持たせながらも模様に変化をつけて、独自のフロア・アートがつくれます。

ラーゴムに
心を落ち着かせる

　睡眠は頭を休め、体と心の回復を助けてくれるものです。
睡眠を十分にとらないと私たちは何をするにも効率が悪くなり、
　睡眠不足は、長期的には心身の健康にも影響します。
ですが、バランスのとれた状態でいるために必要なものは、
　　　　　　　　睡眠だけではありません。
　スウェーデンで暮らしているうちに、スピードを落として
ささやかなことを楽しむ──サウナでくつろぐとか屋外で過
　ごすというような──ことで、スイッチがオフになり、
　　日々の些細なことに喜びを感じられるようになる、
　　　　　　　ということに気づきました。
　基本に立ち返る休暇も、計画も費用もいらない上に、
常にストレスにさらされている私たちの解毒剤になります。

睡眠

いい眠りについては、言うべきことがたくさんあります。朝すっきりと目覚め、やる気に満ちているような日がありますよね? それには、寝るまえの穏やかな習慣が関係しているようです。私の印象では、スウェーデン人はベッドルームの分野に関しては、かなり正しいような気がしています(みんな、驚くほど早起きです)。

その秘訣はなんでしょう? スウェーデンの心理学者、ヘレナ・クビチェック・ボイエは、子どもに向けた睡眠についての著書『The Art of Sleep and The Three Balloons(眠り術と3つの風船)』で、寝るまえには、体も頭もその準備をしなければならない、と言っています。

> 落ち着かない心が、眠りを妨げる
>
> シャーロット・ブロンテ

頭を準備する

　ベッドにもぐりこむまえに何をするかが、ゆっくりとした睡眠の鍵となります。"概して、ベッドはセックスか睡眠のために使われるべきです"とクビチェック・ボイエは言っています。ほかのものは、すべて取り除かれるべき、ということです。

　つまり、フェイスブックで元カレの動向を逐一チェックするのはダメ？　そのようです。寝るまえにSNSをスクロールするのは、深刻なFOMO［訳注：fear of missing outの略。楽しいことを逃すことに対する不安］につながりかねませんし、十分な睡眠の妨げにもなります。最近のノルウェーの研究[7]では、テレビやスマートフォンの画面の光は寝つきやすさに影響し、さらには睡眠の質を下げることがわかっています。専門家はベッドに入るまえ、すくなくとも1時間は、どんな種類であっても画面を見ないことをすすめています。

　ネットフリックスで最新のドラマのシリーズを見るのはNGだとわかったけれど、それなら寝るまえは何をすればいいのでしょうか？

寝るまえの活動

　眠りを誘う活動として、クビチェック・ボイエは定番のものから、やや古風なものまで、いくつか挙げています。

＋本を読む
＋お風呂に入る
＋穏やかな音楽を聴く
＋編みものをする
＋刺繍をする
＋絵を描く
　（あるいは塗り絵をする）
＋家族やペットに寄り添う

日記をつける

あかりが消えると、その日の心配ごとが頭のなかに忍びこんでくるのは、よくあることです。眠りにつくまえに、日記をつけて1日を振り返っておくと、とるに足らない心配ごとが頭をよぎるのを防いでくれます。

クヴェルスプロメナード(kvällspromenad)

モーンゴータ(mångata):月が水面に描く、おぼろげな一筋の道のような光

　クヴェルスプロメナード、つまり夜の散歩に出かけるのは、スウェーデンでは珍しいことではありません。たとえ犬を飼っていなくても、です。だいたい夕食のあとの時間に、近所をぶらぶらと歩きます。気持ちがゆったりとして、天気にもよりますが、体温が下がることで眠りにつく準備が整います。さらに水辺に住んでいれば、モーンゴータ(mångata)を眺めることもできます。これはスウェーデンの言葉で、水面に映る美しい月光のことです。

スウェーデン人のように眠る5つの方法

ありのままで

スウェーデン人は寝巻きを着ずに肌着のまま、あるいは何も身に着けずに眠るのがふつうです。スウェーデンの家は断熱性が高くあたたかいですし、衣類が少ないと体温が上がりすぎません。これは睡眠の質を高めることにつながります。

分けて、手に入れる

スウェーデンのホテルの部屋に入ると、驚くことがあると思います。ベッドの上には、ダブルの羽毛布団ではなく、シングルサイズのものが2枚かかっているからです。これはスウェーデンでは、どこでも同じです。友人たちは、たとえば夫婦それぞれに自分にとってラーゴムな厚さの掛け布団を選ぶことができるし、気が向くままに手足を出すこともできるので快適だと言っています。

清潔に保つ

寝室はゴタゴタしすぎないようにし、うるさい柄などを内装に使うのも避けましょう。

穏やかに保つ

スウェーデンの寝室は、控えめなやわらかい色調で、インテリアも最小限。軽やかな雰囲気があり、穏やかさを絵に描いたようです。白、あるいは淡いグレーの壁、リネンの寝具(夏は涼しく、冬はあたたかく快適です)、それに寒い日には天然素材の毛布など。シンプルな空間、穏やかなオアシスであり、日常のストレスや緊張を解く場所です。

暗くする

睡眠を促進するホルモンのメラトニンは、私たちのまわりの刺激と関連しています。部屋を暗くすることで体に、眠る時間だと知らせることになります。遮光ブラインドを使い、LEDライトも見えないようにしましょう。

朝の水浴び

1万1500kmの海岸線に恵まれ（島を除いてです）、10万以上もの湖があることを思えば、スウェーデン人が水浴びを好むのもうなずけます。とくに特徴的なのは、モロンドップ（morgondopp／朝の水浴び）です。一般には5月から9月のあいだ（もっとも、一部のつわものは1年中）楽しむもので、朝起きてすぐに、コーヒーを飲むよりまえに行います。ガウンを着て家の近くの水浴びのデッキまで歩いていくのです。

水のなかにいる時間は水温によりますが、これについてはみんなかなり気にしていて、水浴び場には必ずひものついた水温計があります。人によっては自分の水浴びシーズンをこの数字で決めているようです。たとえば私の義理の両親インニェルとボーにとっては水温計が10℃になると、水浴びシーズンのはじまりです。「水に入ったとたんに目が覚めて、1日をはじめる準備が整う」のだとインニェルは言います。「そこにあるのは自分と広大な水だけ。とても謙虚な気持ちになれて、水からあがるとあたたかい太陽と爽やかな風を肌に感じて心からリラックスできるの」

言い訳はなし！

近くに海や川、湖がないでしょうか？　それなら朝シャワーを浴びるときに、最後を冷水にしてみてください。海水浴ほど精神統一できたり、力が湧いてきたりはしないかもしれませんが、体が受ける恩恵は変わりませんし、シャキッと目覚めること請け合いです。

"彼女は海が大好きだった。空気中の鋭い潮の香りや、青天井だけに仕切られている水平線の広大さが好きだった。それを見ると彼女は自分を小さく感じたが、また自由にも感じた"

ジョージ・R・R・マーティン
『剣嵐の大地』

引用:『剣嵐の大地』〔上〕ジョージ・R・R・マーティン著、岡部宏之訳、早川書房

朝の水浴びを楽しむ
5つのすばらしい理由

免疫力が高まる

　チェコの科学者たちの研究で、体を毎日冷水に浸すと、体内の白血球の数が増えることがわかっています[8]。そうすると免疫システムが活性化し、あなたの健康を促進します。

前向きになり、痛みがやわらぐ

　冷たい水に飛びこむと、皮膚の感じる刺激によって神経伝達物質のエンドルフィンが分泌されます。これには抗炎症作用があり、一時的に痛みを感じなくなります。

アレルギーが軽減される

　花粉症に苦しむ人（私も）には、海水が鼻炎にもいい消炎剤になるというのは朗報です。肌を刺激せずに、症状をやわらげてくれるとか。

セックス・ライフが充実する

　これまで挙げた理由では足りないようなら、さらにあります！　冷たい水に体を浸すとテストステロン（男性ホルモン）とエストロゲン（女性ホルモン）が増えると言われています。これらはリビドーを高める作用があるので、豊かなセックス・ライフの手助けになるでしょう。

幸せになる

　バージニア・コモンウェルス大学、医学部の研究[9]によると、冷たい水に身を沈めることで、抗うつ作用が期待できるそうです。

水辺でお目にかかりましょう！

冷たい水に入るには──　1年中、水浴びを楽しむ派より

「水が冷たいだろうなあ、とは考えずに、ゆったりとした気持ちで、その場にある"いい面"に意識を向けること。きれいな景色、静かな海、大空を飛んでいく鳥の群れ、あるいは水に入ったら、どんなに自由に感じられるか、とかね」

マイブリット・ヨンソン
スウェーデン、マルメ出身

サウナ

　スウェーデンから連想する言葉を尋ねたら、おそらく"サウナ"がかなり上位に入るものと思われます。地元の人はボーダ・バストゥ（bada bastu）あるいは単にバスタ（basta）と言っていますが、サウナにはさまざまな利用法があります。明け方にひとりで、静謐な時間を楽しむ人もいます。あるいは友人たちとおしゃべりするのに利用したり、毎月集まるサウナ・クラブのメンバーになっていたりする人もいます（夫もそのひとりです）。

いずれにしても、ルーティンは同じです。小さな木製部屋で、生まれたままの姿で温熱を浴びて汗をかき、冷やす必要を感じるまですわっています。それから体を冷やし（海につかる、冷たいシャワーを浴びる、あるいは雪の上を転がるという方法もあります！　ブルブル）、自然のなかで休み、また同じプロセスを繰り返します（3回までというのがふつうです）。

　プライベート・サウナが好きな人もいますが、スウェーデンの大きな街のほとんどに公共のサウナがあります。イギリス人の友人は、公共のサウナのことを「スウェーデンのなかで地元の村のパブにいちばん近いもの」と評していました。誰もが歓迎され、ドアのところで偏見は（服といっしょに）脱ぎ捨てられます。あらゆる年齢の、さまざまなバックグラウンドを持つ人たちが、仲良く並んで腰かけています。

　スウェーデン式サウナの"裸"というところが、私たちのなかでもやや保守的な人を落ち着かない気分にさせるかもしれません。ですが、生まれたままの姿でいることで、気どらない心地よさを一層感じることができます。自分のスタイルを見せびらかすような人はいませんし、誰も人をじろじろ見るようなこともしません。あらゆる体型の人が同じ目的を持って、並んですわります。それは心身をすっきりさせること、そしてリラックスすることです。ただし、衛生面のために、すわるときに下に敷く小型のタオルだけは、忘れないように持っていきましょう！

ボーダ・バストゥを行う理由

　サウナに入ることの効能には、定評があります。熱が不純物を流し、血色がよくなります。熱さと冷たさを交互に体感することで、ストレスが解消され、血流がよくなり、免疫力が高まり、痛みは軽減されます。さらに東フィンランド大学の研究によると、頻繁にサウナを利用していた男性のほうが、そうでない男性に比べて、心臓に関する疾患による死亡リスクが低いといわれています！[10]

　早速ご近所にサウナがないか、探してみてはいかがでしょう？　きっと体も心も喜ぶはずです。裸というところが引っかかっているようでしたら、ご安心を。タオルで体を隠しながら入っても大丈夫です。ほっ！

サウナでのマナー

+すわるときに下に敷くための、小さなタオルを持っていく。

+服や水着は入るまえに脱ぐ。

+話すときは小さな声で。

+人が入ってきたら、詰めて場所をつくってあげる。

+石炭に水をかけるまえに、みんなに確認する。

自然のなかへ

　道のすこし先に森があるとスウェーデン人に言ったら、その人はあなたが水筒の準備をするより先に、歩きだしてしまうでしょう。スウェーデンには29の国立公園があり、国土の半分以上が森で覆われているので、自然は人々の生活の一部となっています。スウェーデンには、アッレマンスレッテン（allemansrätten）という権利があります。"自然享受権"と訳され、誰もが自由に自然のなかを歩きまわり、たとえばフルーツを採ったり、キャンプをしたりということが（他人に迷惑をかけないかぎり）どこででも、認められているのです。そのため、みんな天候にかかわらずよくピクニックや、アウトドアの活動（ハイキングやヨット遊び、カヤック、クロスカントリースキー、それに犬ぞりなど）を楽しんでいます。

　こうしたことがスウェーデン人の心の平穏につながっているのは、まちがいないでしょう。多くの研究結果が、自然にははっきりとポジティブな効果があることを示しています。2016年のワイルドライフ・トラスト（The Wildlife Trust）のキャンペーンによると、自然と接する活動を定期的に行った人は、より幸せを感じるようになり、健康面でも改善が見られています[11]。ほかの研究でも、自然には癒やしの効果があり、心の回復を助け、創造力を促進することがわかっています。今度プレッシャーや怒りで疲れてしまったときには、お弁当を持って、自然のなかに出かけてみてはいかがでしょうか？

"道なき森にこそ喜びがあり、
人気(ひとけ)なき浜にこそ歓喜がある。
誰一人通わぬ大洋に、人倫の交わりがある。
その轟(とどろ)く潮騒(しおさい)に音楽がある。こう言うのも、
人を愛さぬからではない。(中略)自然を
より愛するようになったからだ"

ロード・バイロン
『貴公子ハロルドの巡礼』
第4編、178連

引用:『対訳バイロン詩集 イギリス詩人選(8)』
笠原順路編、岩波書店

最高のアウトドアを楽しむ
５つの方法

スムールトロンステッレ（smultronställe）：直訳は"野イチゴの場所"。
あなたの思い出のなかにある、安らぎや元気を得られる特別な場所のこと。
ストレスや悲しみから解き放たれる、のどかな風景。

お弁当を詰め、近くの森林に向かいます（仮に雨が降っても、頭上には自然の覆いがあります）。

ゴム長靴を準備してベリーやハーブ、キノコ狩りに出かけましょう。収穫できるものは、意外と多いものです（ただし、食べられるものかどうかは、必ずくわしい人に確認してください）。

ビーチをお散歩して、貝殻を拾ったり、海に向かって小石を投げてみたりしましょう。魔法瓶に入れたあたたかいコーヒーとブランケットがあれば、水平線を眺めているあいだも寒くありません。

カヤック、あるいはスタンドアップパドルを借りて、近くの川や湖、海岸に行きます。

海のそばにお住まいなら、地元のヨットクラブに参加してみてはいかがでしょうか。スキッパー（船長）が助手としてあなたを歓迎し、指導してくれます。

思いきって、ひとりで

スウェーデン人の友人のイヴォンは、ひとりで5日間、自然保護地域を歩くという旅行をしたことがあると話してくれました。「夜の森って、こんなに音がするものなのかと思った」と打ちあけてくれたものの、本当に落ち着かない気持ちになったのは唯一、彼女の近くにキャンプを設営した一団が、夜中までギターをかき鳴らしていたときだったといいます。何よりも彼女が熱心に語ったのは、その旅行で心から解放感を味わったこと、自信がついて力が湧いてくるのを感じたことでした。

正直、私自身は夜の森でひとり、キャンプしている自分の姿は想像がつきません。でも数時間でもひとりで外に出て、自然のなかに身を置いてパワーを感じようという気持ちにはなりますし、あなたにも同じように感じてもらえたらうれしいです。木々が風にそよぐざわめきや、波の砕ける音、遠くのヒバリの快い調べが耳に入ってくるのは、そんな瞬間です。自然界の解けない魔法で、あなたはゆったりとし、慌しい日常から離れ、自分の考えと向き合うことができます。現代の喧騒に包まれた世のなかでは、これは貴重なことです。

歩くときには、口笛を

森のなかをひとりで歩くときには、口笛を吹き、足音を立てるなど、音を立てて進みましょう。クマやオオカミは一般に臆病ですが、不意を突かれるのは嫌います！

採集:初心者向けの手引き

晩夏／初秋にスウェーデンで森に行くと、バスケットを下げて食用キノコやベリー類などを探している人たちを見かけることでしょう。こうしたものを採集するには、知識と忍耐をもって、熱心に見てまわることが大切です。一度コツをつかめば、とても楽しく、驚くほど夢中になれるものです。しかも美味しい夕食の材料までついてきます！　気をつけて見ているだけで、足元にさまざまなものが見えてくるのは不思議なくらいです。まずははじめてみましょう。

+ **採集場所についてよく調べます。** どの場所にどのような植物や樹木が生えているか、確認します。季節ごとに何があるのか、いつごろ採るのがいいのか、絶滅が危ぶまれる品種のリストに載っているものではないかどうかも調べておきましょう。

+ **毒がある可能性を疑いましょう。** 150パーセント大丈夫だと確信がないものについては、決して口にしないでください。収穫したものは、しっかりと確認しましょう。くわしい人に見てもらうのが理想的です。

+ **必要な分だけを採ります。** その場所にあるものを採りつくしてしまわないように。植物が回復できるよう、次にその場所を訪れるまでに時間をあけることも大切です。

+ **汚染された場所は避けるようにしましょう。** たとえば道路脇や、化学肥料が使われている場所などが該当します。

+ **楽しみます。** 食べられる野生の植物を探すのは、簡単ではないかもしれません。でも目標は食料調達ではなくピクニックですから、探すことを楽しめばいいのです。

5種類の食用キノコと、見つけられる場所*

＋マスタケ（通称：森のニワトリ）
この橙赤色のキノコは、特徴をつかめば切り株の上、生木や枯れ木の枝によく生えているのを見分けられるようになる。[訳注：通称は、味が鶏肉に似ていることから]

**＋ヤマブシタケ
（通称：ライオンのたてがみ）**
この目立つ、ユニークな見た目のキノコは、枯れかけている、あるいは倒れたばかりのカエデ、ナラ、カシなどの広葉樹に生える。

＋アンズタケ

アンズタケは美味しいので、キノコ狩りをする人には人気がある。世界中、ほぼどこにでも生息している。

＋ハナビラタケ（通称：カリフラワーマッシュルーム）

広葉樹の切り株や、枯れた木の生えぎわなどに生えている。白い色をしているときに採るのがよく、オムレツに入れると美味しい。[訳注：日本ではマツ類の根元や切り株でも見られます]

＋ヤマドリタケ（通称：ポルチーニ）

針葉樹の生える森のなか、トウヒ、マツ、ツガの近くに生えている。風味が豊かで、グルメ向きのごちそう。

*キノコ類は、命にかかわる毒を持っている場合があります。食べるまえに、必ずくわしい人に確認してください。

休暇

"遠くもいいけれど、家がいちばん"
スウェーデンのことわざ

　6月にスウェーデンを訪れると、ワクワクとした気配をいたるところで感じることでしょう。気候はあたたかくなり、国中の人がパソコンを閉じて夏の買い物に出かける準備をはじめます。人によってはどこにも出かけず、家の庭で息抜きの時間を楽しみます。あるいは海辺の簡素な別荘や、キャンプに出かける人もいます。いずれにしても目的はひとつで、それは休む時間をとって、シンプルに楽しむこと。たとえば日の長さ、自然、そして友達や家族と過ごすことなどです。

簡素な別荘

　素敵な休暇を過ごすのにお金をたくさんかけることはない、という私のかねてからの思いは、スウェーデンで暮らすようになってさらに強くなりました。スウェーデンでは夏の休暇を、ゆったりとした時間をとって、基本に立ち返り、生活のなかのシンプルなことを楽しんで過ごします。家でぶらぶらする、海辺や田舎の奥まったところにある、簡素でこぢんまりとした別荘に行く、本を読む、お菓子やパンを焼く、海水浴をする、ボードゲームをする、手芸を楽しむ、あるいは友達や家族と外に出て、できるだけ多くの日差しを浴びます。紅葉した葉が落ちはじめるまえに。

　あらゆる場面でスピードが優先される世界では、ただその場に"いる"ためだけに時間をとるのは、最高の解毒剤になります。期待は最小限にしましょう。お金をかけることもなく、プレッシャーとも無縁の、"何もしない"という冒険です。フライトの時間を気にしたり、為替の相場を気にしたり、決まったスケジュール通りに動かなくてはならない、ということもありません。時間は、あなたが好きなように楽しむためだけにあります。

　次に休暇のために予約を入れるようなら、私のおすすめは家からそう遠くない場所に小さな別荘か小屋を借りることです。贅沢なものでなくてかまいません。小さくて簡素なほど理想的です。あなたがスイッチをオフにして、リラックスできればいいのです。

キャンプ

　キャンプはゆったりとしたペースの生活や、広大な自然を楽しむのに最適です。ポケットには鍵も、クレジットカードもいりません。田舎に出かけ、人里離れた場所で空気と穏やかな環境を堪能しましょう。そんなにアウトドア派ではない？　それなら、きちんとしたベッドや湯たんぽなどの快適さを備えたグランピング施設を探してみては？　それでも、あまり見たことにないようなクモに出くわしてしまうでしょうけれど。

キャンプを楽しむ
5つの方法

持ちものはすべて、それにアイデアも準備しておきましょう！ 出発するまえに、キャンプで必要なものが揃っているか確認し、庭で（あるいはリビングルームで）試しに使ってみましょう。そうすれば、大切なものを忘れることはありません。たとえばテントのポールとか（経験者は語る、です！）。さらに、あらゆる天候に備えた衣類、救急箱、それに極めて重要な虫除けグッズもお忘れなく！

ここぞ、という場所を選びましょう。 キャンプのいいところは、眺める景色を自分で決められることです！ 場所は、まえもって下見をして決めておきましょう。そして実際にキャンプ地に到着したら、平らで水はけのいい、そしていちばん景色のいい場所を選んでテントを立てましょう！

自然の恵みを目いっぱい享受します。 湖や海で泳ぐ、ハイキングをする、あるいはただ景色を眺めるといったシンプルなことを楽しみましょう。夜には、星がきれいです！

夜はぐっすりと眠ります。 あなたがベア・グリルス［訳注：イギリス出身の冒険家。サバイバル番組の出演で知られている］でないかぎり、快適さはありがたいはずです。ふくらませて使うマットレス、あるいは折りたたみ式マットレス、枕に耳栓、アイマスクを持っていきましょう。そうすれば疲れがとれてすっきりと目覚め、すぐにでも駆けだしたくなるくらいでしょう！

自分をもてなします。 もしかしたらベイクド・ビーンズがお好きかもしれませんね。それであれば、キャンプにもってこいです！ でも、もうすこししゃれたものが食べたいと思えば、世のなかには魅惑的な鍋料理のレシピが山のようにあります。マシュマロ入りココアもお忘れなく！

ラーゴムに
体を喜ばせる

　私たちみんなが、つややかな金髪にほっそりとした体を持って生まれるわけではありませんが、体の維持について、スウェーデン人からひとつふたつ学ぶことはできます。
スウェーデン人はナンセンスなことはせず、バランスのとれた食事をしています。シナモンロールを否定することもしなければ、サラダばかりを食べるようなこともしません。
そして生活のなかで、自然と体を動かしています。車や公共の交通手段よりも、自転車によく乗っています。
晴れていても、雨でも、風が吹いていても、雪が降っても。
ですからどんなに忙しいときでも、元気です。

ほどよく食べる

　もしもあなたが、魚やジャガイモがあまり得意でないなら、スウェーデンではやや苦労するかもしれないといって、差し支えないでしょう。休日のスモーガスボード（スウェーデン流ビュッフェ）には、必ず両方とも入っています。郷土料理や伝統的な家庭料理にはシル・オック・ポタティス（ニシンとジャガイモのコケモモ添え）、ショットブッラル・メッド・ポタティスムース（ミートボールのマッシュポテト添え）、ピッティパンナ（角切りのジャガイモ、肉、玉ネギ、酢漬けのビーツ添え）があります。実際、北欧の食事は健康にいいことで注目が集まっています。スウェーデン人の平均寿命は、男性80.3歳、女性84.1歳で、世界保健機関（WHO）のランキングで優に上位10位以内に入っています。

　スウェーデンの食事は、バランスよく季節のものをいただくことに尽きます。ノルディック・センター・オブ・エクセレンス（Nordic Center of Excellence）の研究では、スウェーデンの食事で、コレステロール値の改善、冠動脈性心疾患のリスク軽減、炎症性（関節炎やクローン病など）の症状の緩和が見られました[12]。

スウェーデン流の食事

ニシン：塩漬け、燻製、フライ、酢漬けなどでいただくニシンは、北欧では新石器時代から食べられていたことを示唆する証拠があるそうです。この小さな魚は比較的手頃で、保存も簡単です。ビタミンD、オメガ3系脂肪酸が豊富で、心臓病を予防し、脳を活性化して免疫力を高めます。

ジャガイモ：世界各国で食べられているジャガイモは、健康にもよいものです。カリウム（血圧を下げる効果があります）、食物繊維、ビタミンC、Bが豊富です。調理をすると難消化性でんぷんが多くなり、これは最終的に脂肪を燃やすのに役立ちます。

フィールミョルク（filmjölk）：伝統的な発酵したミルクで、朝食のときにシリアルにかけるのが一般的です。乳酸菌は消化を助け、免疫力を高め、アレルギーのリスクを軽減する、と酪農会社スコーネメイエリーエル（Skånemejerier）のリカルド・ラーヴグレン氏は言います。

コケモモ（リンゴンベリー）：カウベリーやヒメコウジなどの呼び方もあります。北欧の森に生息し、ジャムにしてパンケーキに添えたり、付け合せにしたりします。抗酸化作用があり、ビタミンA、C、食物繊維、マグネシウムが豊富です。ルンド大学の研究者たちによると、新陳代謝もよくなります[13]。

ライ麦入りビスケット：クネッケブロッド（knäckebröd）と呼ばれるライ麦入りビスケットはスウェーデンでは紀元500年ごろから食べられています。好まれるのは、賞味期限が長く低価格な上に、健康にもいいからでしょう。伝統的にライ麦の全粒粉、塩と水でつくられ、脂肪が少なく、食物繊維、ビタミン、ミネラルが豊富で、抗酸化作用があります。

腐った魚

スウェーデン人はほどよいことに長けていますが、みんながラーゴムとはほど遠いと言うものがあります。スールストレミング（surströmming）です。強烈な腐敗臭、強い酸味で知られているものです。ニシンにちょうどいい量の塩を加え、半年強そのまま置き、缶詰にしています。この発酵した魚は、年に1度（8月の第三木曜日ごろ）、屋外で食されます。なるべく鼻をつまんでいただくのがいいでしょう。

運動

　ジムで汗を流したり、朝食まえに10km走ったりするのが好きですか？それなら、すばらしいことですが、ますます忙しくなっている生活のなかで、ワークアウトの時間をとるのが難しい場合もあります。心配ご無用です。私が見たところ、ラーゴム的な考え方の一環として、スウェーデン人は汗だくにならずに、日常生活のなかにうまく運動を取り入れているようです。専門家も、日常生活のなかの小さな変化（車に乗る代わりに自転車に乗ったり、歩いたりするなど）で、冠動脈性心疾患のリスクの軽減、血圧の低下、体重の減少、それにストレスレベルの軽減などの効果を期待できるとしています。

日常生活に運動を取り入れる、5つの簡単な方法

通勤は、自転車か歩きで。研究によると、自転車や徒歩での通勤によって精神面での健康に向上が見られたといいます⁽¹⁴⁾。言い換えると、日々の車の運転をやめて、移動に体を使うようになれば、より幸せになれるということです。いいですよね！

駐車場のうしろのほうに車をとめる。あるいは電車で、1駅手前でおりて、すこし余分に歩きます。たいしたことがないように思えますが、すこしずつの積み重ねが大切です。

エレベーターではなく階段を使う。1段上るごとに、0.17kcalを消費すると言われています。つまり、10段で約1.5kcalです！ エレベーターをやめて階段を使おうという気になりますよね。

デスクのまえにすわらずに、立つ。たとえば約70kgの人は、1時間立っているだけで114kcalも消費するということをご存知でしたか？ 1日8時間勤務で912kcalです。立ち上がるときです！

歩きながら話す。カフェでお茶をする代わりに、ラテをテイクアウトしてはいかがでしょう。友達と会うのは、いっしょに散歩をする絶好の機会です。風景を楽しみながら、おしゃべりができます。

ペダルの力

　ロンドンからマルメに移り住むのは、一種カルチャーショックでした。信じられないかもしれませんが、なかでもいちばん大きな衝撃は、ロンドンの地下鉄からマルメの自転車レーンへの切り替えでした。言っておくと、マルメは自転車に乗る人にとっては最高の街です。広すぎず平らで、自転車レーンが無数にあり、信号、横断歩道、空気を入れられるステーションも完備されています。コペンハーゲンのコンサルティング会社が毎年発表している、自転車ライフに適した都市の世界ランキングで第5位に選ばれています（The Copenhagenize Bicycle-friendly Cities Index 2017より）。それでも、私が何に苦労したかというと、スウェーデンでは自転車が完全に生活の一部だということでした。スーパーマーケットに行くにも、学校に子どもを迎えに行くにも、ちょっと街に出かけるにも、自転車を使うのです。どんなときでも交通手段はペダル・パワーです。雨でも、雪でも、もちろん晴天でも！

　もっとも私もだんだん慣れてきて、いまでは日々自転車を使うことをなんとも思いません。むしろほかの手段より実用的なので、おすすめです。世界中で10億人以上の人たちが自転車に乗るようになり、道路も自転車フレンドリーになってきています。そこであなたも自転車に乗るべき9つの理由を挙げます。

＋燃料分のお金を節約できる

＋公共の交通機関を待つ時間を節約できる

＋駐車場を探す手間が省ける

＋交通渋滞に巻きこまれるのを避けられる

＋あらゆる年齢の人が楽しめる

＋新鮮な空気を吸える

＋環境に優しい

＋あなたの健康にとてもいい

＋ストレスを解消できる

天候に合わせて服を選ぶ

　あなたがファッショニスタであれば、ここは読み飛ばしてください。ラーゴム的に装うとなると、実用一辺倒なのです。地元でちょっと買いものに行くときも、通勤するときも、夜の街に繰り出すときも、極端な天候の外出のときも、スウェーデン人は、いつでもちょうどいい服装をわかっています！

シンプルなスタイリングを

　朝、カフェで道行く人を観察してみると、スウェーデン人は服装に関してミニマリストなのがわかるでしょう。服はラインがすっきりとしていて、色の組み合わせもシンプルで、そこに最新のトレンドがすこし取り入れられています。すると、アイテム同士が組み合わせやすく、実用的です。朝の時間の節約になるだけでなく、アイテムそれぞれの活躍の場が増えます。

カプセル・ワードローブ

　大ざっぱに言うと、スウェーデン人のワードローブはカプセルのようにコンパクトです。ミニマル（必要最小限）主義で、合理的です。いらない服、着ない服は持たず、かぎられた数のお気に入りで万能な、組み合わせやすい服だけがあります。

　そうすると服を選ぶのが簡単なので、朝の着替えのストレスが減り、ショッピングやクリーニングの時間も減ります。経済的ですし、実践している人たちはより暮らしやすくなったと言っています。

「すっきりとした計画的なワードローブで暮らすようになって、楽しさを取り戻しました」。Un-Fancy.comのブログ創設者、カロライン・レクターは熱く語ります。「あらためて、気づいたんです。幸せとか満たされている気持ち、喜び、そういうものは自分のなかからわき起こってくるものだと。ものや環境からではないんですよね」。試してみる価値はありそうですね。

カプセル・ワードローブのための
6ステップ

ワードローブのなかのものを、ひとつ残らず取り出す。 すべて、目のまえに置きましょう。

衣類を4つの山に分ける。 分類は以下の通りです。気に入っていて、いま着るもの。袖を通すことはないけれど、思い出にとっておいているもの。もう着ないし、とくに好きでもないもの。ほかの季節に着るもの。もう着ない服は、売るか寄付をしましょう。服と同じ要領で靴も分けます。

残ったアイテムで、コーディネートを考える。 アイテムそれぞれすべてが、複数の組みあわせで活躍できるのが理想です。

アイテムの数を20から40のあいだくらいに狭める（数は、それぞれのニーズによって変わってきます。たとえば仕事用の服が必要なら、数は増えるかもしれません）。これは残った3つの山のすべて（トップス、ボトムス、ワンピース、アウター、靴）の数です。帽子、スカーフ、ジュエリー等のアクセサリー類は含みません。必要に応じて、足りないものは買い足します。

季節はずれの衣類は、きちんとしまう。 いまの季節に着る服を、どれもよく見えるようにワードローブに入れましょう。このアイテムで3か月過ごします（つまり、1シーズン服を買わないということです！）

次のシーズンがはじまる2週間まえに、次のカプセル・ワードローブを計画する。 しまっておいた次のシーズンの衣類を取り出し、いまのワードローブのアイテムといっしょに広げてみます。足りないアイテムを確認しますが、新しく買うものは最小限にとどめます。

あたたかで、さらっとしたままでいられるラーゴムな服装

　スウェーデンに引っ越したばかりのころは、自転車でミーティングに向かって、何度濡れネズミのような姿で到着したことか。あるいは保育園の集まりに白いパンツで参加したことも（バーベキューでホットドッグをつくって、森のなかで地べたにすわって食べるとは、思ってもみませんでした）。ですがこうしたことに懲りて、私も徐々に慣れていきました。

　最近ではすっかり実用的な、気候に合った服を着ています。おかげでどんな気温のときでも、あたたかで、さらっとした状態を保てるようになりました。しかも、どうでしょう。そのほうがずっと幸せで、心穏やかでいられます。心配しないでくださいね。リトル・ブラック・ドレスを着て、おしゃれをする時と場所というのもあります。ですが、ズボン下やウォータープルーフのパンツ（北部ではなんと、防寒用のスカートもはきます！）もまた、欠かせないものなのです。

フット・ウェアからフット・アウェア(足の気づき)へ

"悪い天気というものはない。あるのは悪い服装だけだ"
スウェーデンのことわざ

　スウェーデンで丸石の敷いてある道を歩いたり、街に自転車で行ったり、ハイヒールを履いてお出かけしたことがあれば、この話がどこへ向かうとしているのか、察しがつくでしょう。ほかのスウェーデン風のものと同じように、フット・ウェアで大切にされているのは、実用性と心地よさです。ラーゴムな靴は靴底が薄すぎず、ヒールが高すぎず、ウォータープルーフで通気性があり、持ちがいいものです。キトン・ヒール[訳注:低めで細いヒール]も見かけますが、主にバーやナイトクラブに限定されます。

　「靴は私のライフ・スタイルに合ったもので、どんなことにも対応できないと。たとえばビジネス・ミーティングが終わったその足で子どもの学校まで走るとか」。スタイリッシュなスウェーデンのジュエリー・ブランド、サーゲン(SÄGEN)のデザイナーで、創設者兼CEOでもあるエーリン・シグレーンは、そう言います。

　たしかに、そうです。フラット・シューズは実用的かつ、健康的です。無数の研究で、ヒールの靴を長時間履いていることで、さまざまな不調が起こり得ることがわかっています。足関節やアキレス腱に影響が出ますし、腰痛の原因にもなります。ラーゴムな靴は、あなたの体も喜ぶものです。

抜け感のあるヘアスタイル

　スウェーデン人の多くが美しい金髪に恵まれているのはたしかですが、私はそのヘアスタイルにも注目しています。ルーズにポニーテイルにまとめるか、アップにするか、手早く整えて外出の準備ができるならどちらでも！

　たとえば起き抜けふうのお団子ヘア──頭頂部でアップにするスタイルを見てみましょう。とてもシンプルで、手早くできます。髪を編んだりねじったりとアレンジを加えれば、夜のお出かけ用にもなる、究極のスウェーデン式ヘアスタイルです。ただ"さっとまとめた"ように見えるものの、おさえておくべきコツがあります。

無造作なアップスタイルのつくり方

+髪を洗いたてでないときに（洗いたてのつるつるの髪ですと、このスタイルはやや難しくなります）。

+髪をひとつにまとめて、頭の上にまっすぐに引っぱる。

+下に向かってねじっていき、頭の約3cm上でとめる。

+ねじった髪の束を、束の根元に巻きつけていき、ルーズなお団子にする。

+ヘアピンを好きなだけ使って、固定する。

+いく筋か引きだし、1日中このアップで過ごしていましたという雰囲気にすれば、完成です！

成功への
ラーゴムな鍵

ほとんどの人は成功を、野心的なキャリアと経済的な豊か
さと結びつけて考えるのではないでしょうか。
スウェーデンに移り住むまえは、私もそうだったと思います。
引っ越してから学んだことのなかでいちばん心を自由にして
くれたのは、"これで十分" と満足することでした。
多く持つことを幸せだと考えていると、
もっと欲しいという気持ちがおさまることはありません。
持ちものを減らして生活すると、プレッシャーやストレスも
少なくなり、より大切なことに意識が向くようになります。
たとえば家族や友人たちといっしょの時間を過ごしたり、
自分の好きなことをしたりすることです。

ワーク・ライフ・バランス

　私はこれまでドバイ、ロンドン、コペンハーゲン、そしてマルメで仕事をしてきたので、職場における文化のちがいをそれなりに体験したと言えるでしょう。それぞれにちがいはあるのですが、とくに北欧はいくつかの点でほかの地域とは大きくちがうと感じました。

　ロンドンでは定時にこっそりオフィスを出ようとすると"時間ばかり気にしている"と思われ、「ニッキー、今日は半休だったっけ？」などと声をかけられたものです。それが北欧では、終業時刻になったとたんにみんながにこやかに手を振って「楽しい夜を！」と声をかけあって出てくのを見て驚きました（ありがたいことだと思いました）。さらに言うと、ここでは遅くまで働いていると心配されます。負荷がかかりすぎているのではないかと上司から聞かれ、業務を見直すミーティングが持たれることも珍しくありません。

　誤解のないように言っておくと、スウェーデン人は1日中時計を見ては、早く家に帰りたいと思っているわけではありません。そのまったく逆で、非常に勤勉です。スウェーデンは、テトラパック、イケア、スポティファイ、スカイプといった、世界でも革新的な企業を生みだしている国でもあります。ただスウェーデン人は、家族や生活を第一に考えているのです。子どもが保育園でお迎えを待っていたり、スカッシュの練習相手が先にウォーミングアップをはじめていたりするかもしれません。あるいは単に家で空っぽの冷蔵庫が待っているので、買いものをして帰るということもあるでしょう。

　ここでは、上司が帰るまで待ってから帰るというカルチャーはありません（恥ずかしながら、ロンドンではこれが私やほかのチームメンバーたちの日常でした）。貴重な時間を家族や友人たちと過ごしたり、自分が楽しいと思うことに使ったりすることができます。

　さらに、買いものや家事の時間がとれることで、よりきちんと生活で

きていると感じられるようになり、ストレスが減って毎日が楽しくなります。

2014年のギャラップ調査では、アメリカ国内のフルタイム従業員の5人にひとりは週に60時間以上働いていることがわかりました。ですが、こうした人たちはチャンスを逃していることになります。最近の研究では、1週間の労働時間が50時間以上になると、生産性は大幅に落ち、さらに休む日をとらないと（たとえば日曜日など）、時間単位のアウトプットも低下することが確認されているからです[15]。つまり、労働時間を短くすることで、かえって生産性が上がる可能性があるということです。スウェーデン人を見習って、ラーゴムな働き方を取り入れるべきときではないでしょうか。

早起きをする

　私はずっと朝型人間ではありませんでした。ドイツのアーヘン工科大学の研究者たちによると、早起きの人はわずか10パーセントとのことです（対して、夜更かしをする人は20パーセントいるそうです）[16]。ですが、スウェーデンではちがいます。ここが早起きの国だと気づいたときの、私の恐怖をお察しください。

　一概には言えませんが、一般的なオフィスの始業時間は朝8時で、学校は8時15分にはじまります。悪夢です！　ですが最初のショックを乗りこえると、意外な発見がありました。私自身、朝のほうがはるかに効率よく動ける上に、頭の回転もよかったのです。

　そう考えているのは、スウェーデン人（と私）だけではないようです。アップル社のCEO、ティム・クックは朝3時45分に起きて、メールの確認をはじめることでよく知られています。ミシェル・オバマは日課のエクササイズを朝4時30分にはじめますし、ゼロックスの元CEO、ウルスラ・バーンズは朝5時15分に起きます。興味深いことに、生物学者クリストファー・ランドラーによると、早起きの人は、主導権をとる傾向にあるそうです[17]。朝の時間を使って先のことを考えたり計画したりすると、生産性が上がり、仕事の成果につながります。アラームの時間をリセットしましょう！

早起きすべき、4つの理由

＋気を散らすものがあまりない：まわりにあまり人がいないと"自分時間"をつくれます。新聞を読んだり、落ち着いてメールのチェックをしたりできます。

＋エクササイズの時間：朝の時間が、1日のなかでいちばん運動をする時間をつくりやすいでしょう。早朝にエネルギーを高めておくと、そのあとの生産性が上がります。

＋朝食の時間：朝食は、いちばん大切な食事だと言われています。ヒバリとともに目覚めれば、健康的に1日をはじめられます。

＋より幸せになれる：これは本当です！ トロント大学の研究によると[18]、早起きをする人は、夜更かしの人よりも幸せを感じるそうです。

なんとか早起きが
できる人になる方法

早起きをするといいことずくめだということはわかったものの、
もしも（私のように）あなたが朝型でないのなら、どうすればいいのでしょう？

イメージする。 眠りにつくとき、世界が目を覚ますまえに神聖な時間を持てることを想像しましょう。丁寧に淹れたコーヒーを飲む。ビーチをのんびり歩く。この静けさ！

太陽の光を部屋に入れる。 目覚めたらすぐにカーテンを開けて、部屋を陽光で満たしましょう（真冬のスウェーデンでないかぎり。その場合は、単に電気をつけます）。あるいはもう一歩進んで、窓を開けて朝の新鮮な空気を吸いこみます。

朝の時間を楽しむ。 せっかく手に入れた時間ですから、必ず自分が幸せを感じることをして過ごしましょう。そうすることで早起きがポジティブな記憶と結びつき、また朝早く起きよう、という気になります。

優しく。 設定時間に合わせて、朝日を模したライトがあかるくなっていくアラーム時計に投資します。冬でも、光が視界にゆっくりと入ってくるようになります。

強硬に。 大抵の場合、いちばんつらいのは、ベッドから出るところです。これまでのやり方では効めがないようなら、アラーム時計を数メートル離れた場所に置くのを試してみます（別の部屋でもいいと思います）。とめるには、いやでも起きなければなりません。

ひと休みする

　スウェーデンの職場に足を踏み入れると、まず思うのは、なんて静かなんだろうということです。みんな仕事に集中していて、鼻歌や、おしゃべりが続くことはありません。もちろん、出社したときにはにこやかに手を振って挨拶されますし、小声で打ち合わせをしている声などはときどき聞こえます。でも、こうした話も業務に関係したものです。スウェーデンのオフィスでは、社交のおしゃべりは休憩のときにするものなのです。

休憩する

　スウェーデンのフィーカパウズ（fikapaus）は、コーヒーを飲み、ちょっとしたおやつをいただいたりする休憩のことです。同僚と軽く雑談したいときなどに、「10時にコーヒーどう？　旅行はどうだった？／ご近所トラブルは大丈夫になった？」と声をかけるだけです。あるいはもうすこしあらたまったチーム・フィーカなら、何か月もまえからスケジュールに入れておいたりもします。いずれにしても、数分間仕事を離れてひと息つく時間です。

　私もこの考え方に馴染むまでにすこし時間がかかったので、自分を甘やかしているようで気が咎める、と思う人がいることは想像ができます。ですが実際には個人としても、ビジネス上も、とても理にかなっているものなのです。ベイラー大学、ハンカマー・スクール・オブ・ビジネスの心理科学者、エミリー・ハンターとシンディ・ウーの研究によると[19]、職場で休憩をとった人は、そうでない人よりも活気づき、やる気が出て集中できる上に、頭痛や腰痛の症状を訴えることがあまりないそうです。興味深いことに、こうしたポジティブな効果は、休憩と休憩のあいだの時間が長くなるほど、薄れていきました。要は、短い休憩を定期的にとるのがいいということです！

習慣づけるには

+52 - 17分ルール：最近の研究によると、52分働いたあと、17分休憩をとる人がもっとも生産性が高いそうです[20]。もちろん、すべての仕事で実行できるものではありませんが、休憩をとる頻度について考え、頭の片隅に入れておく価値はあります！

+リマインダーをセットしておく：すこしやりすぎだと思われるかもしれませんが、休憩をとるリマインダーをセットしておくことも必要かもしれません。コーネル大学がウォール・ストリートにあるニュー・センチュリー・グローバル社のオフィスで実施した調査によると、短い休憩をとること、姿勢を見直すことのリマインダーを送られた従業員たちは、そうでない同僚たちよりも、平均して13パーセント以上、仕事が正確だったそうです[21]。

+内向的なタイプのみなさんへ：おしゃべりをすると考えただけで、どっと疲れてしまうときには、抜けだしてひとりの時間を満喫しましょう。オフィス周辺を歩く、静かにコーヒーを飲むなど、あなたが休まると感じることをします。私がこれを教わったのは、ここスウェーデンで以前働いていた会社の人事部の先輩からでした。彼は、自分が内向的なタイプなので、休憩時間はそうやって過ごすことを私たちに説明し、もし希望する人がいれば、同じようにすることをすすめてくれました。内向的なタイプには、うれしい言葉です！

ランチをスキップする ことはない

　ロンドンでは、近くのデリでサンドイッチを買って、デスクで食べるのに慣れていました。そういう人が多かったのです。2012年のライト・マネジメントの調査結果によると、アメリカ人でお昼の休憩をとるのはわずか5人にひとり、2014年のブリティッシュ・ブーパの調査によると、ランチタイムに席を離れるイギリス人の従業員は3人にひとりということです。

　スウェーデンでは、そんなことはありません。ランチは、ここではとても大事なものとして捉えられています。デスクでミートボールとマッシュポテトをかきこんでいる人をみかけることは、まずありません。第1に、昼食はお店に入ってとります。第2に、あたたかく、ある程度ボリュームのある料理を食べます。第3に、食事には時間をかけます。きちんとした昼の休憩をとることには、さまざまな効能があることがわかっています。生産性、創造力、活力、集中力にいい影響があるのです。しかも、まわりの人と親しくなるのにも役立ちます。

健康は食にあり

　ランチに食べるものが、ダイエットに影響することはみんなが知っていることです。ですが、午後の活力のもとになることもご存知だったでしょうか？

脳の働きをよくする５つの食べもの

＋生野菜　　　　　　　　　　　　　　　＋ナッツ・（植物の）種

＋魚

＋アボカド

＋ダーク・チョコレート
（チョコもOKなんです！）

"美味しく食べていなければ、
うまく考えることも、うまく
愛することも、うまく眠るこ
ともできません"

ヴァージニア・ウルフ

『自分ひとりの部屋』
（A Room of One's Own）

引用：『自分ひとりの部屋』ヴァージニア・ウルフ著、
片山亜紀訳、平凡社

ランチタイムに行うべき5つのこと

忙しい生活のなかで時間は貴重なものなので、使いみちはよく吟味すべきです。ランチタイムも例外ではありません。人によって幅はありますが、30分から1時間とすると、すこし自由になる時間があるということです。

人と会う約束をする。 もうすこし話をしてみたいと思う同僚や、近くで働いている昔からの友達を誘います。話題は取るに足らないことでも、人生や愛についてでも何でもかまいません、おしゃべりを楽しみましょう。

運動をする。 早足でのウォーキングやジョギング、あるいはランチタイムに開催されているジムのクラスを楽しみましょう。午後の仕事に向けて、体が活性化します。

ヘッドホンをつけて、お気に入りの音楽を思いきり楽しむ。 音楽を聴くことで脳全体が生き生きとします。より幸せを感じやすく、頭が働き、生産性も上がると言われています[22]。

アート鑑賞をする。 近くのギャラリーや美術館に足を運べるのがいちばんですが、スマートフォンのアプリで写真撮影を学んだり、画集を眺めたりするだけでも十分です。頭が仕事から離れられます。

瞑想する。 静かな場所を見つけて、瞑想を行います。ストレスが解消され、頭がすっきりします。心身ともに、午後に向けて準備が整います。

あなたの作業空間をよみがえらせる

　環境は、あなたの健康や生産性に大きく影響することがあります。自宅で仕事をしているか専用のオフィスを持っているなら、自分の裁量で環境を整えられますが、そうでなくてもオフィスで改良できることがいくつかあります。

+ **窓際の席を確保する。** スウェーデンの建築は、建物のなかに光を多く取り入れることで有名ですが、これにはもっともな理由があります。シカゴのノースウェスタン大学のニューロサイエンス・プログラムの研究で、仕事中に日光を浴びているかどうかが、睡眠の質、パフォーマンス、そして生活の質全般に大きく関係していることがわかったのです[23]。

+ **温度。** スウェーデンでは、屋内の防音や断熱が優れているので、私の母は鳥のさえずりが聞こえないと文句を言うくらいです。ですが、実際に生活してみるとこれは本当に便利です。もしもあなたが寒くて震えていたり、焼けるように暑く感じていたりしたら、体は体温の調整にエネルギーを使うので、あなたは目のまえの仕事には集中できません。研究によると、快適さと仕事のパフォーマンスを最大にする適温は22〜25℃だそうです[24]。

+ **快適に。** 私には保守的なところがあり、スウェーデンの職場に人間工学の専門家たちが来て、みんなが正しいすわり方をしているかチェックしたときには、正直ややいぶかしく思っていました。すこし経ってから、オフィス用品が大量に届きました。足置き台、回転椅子、手首サポーターなどです。仕方なく使いはじめたら、これがとても快適！ スウェーデンの雇用主には先見の明があったのかも、と認識をあらためました。人間工学にもとづいて設計されたアイテムを利用すること

で、たとえば腰痛のような問題を軽減できること、社内の士気が上がること、そして生産性が高まることがわかったのです！

＋立ち上がる： 北欧の地に足を踏み入れてから、私は電動で高さが調節できるデスクを愛用してきました。楽しいものですし、健康面でも効能がたくさんあるようです。アメリカの医師、デイヴィッド・アンガス博士の見解によると、1日に5時間かそれ以上席についているのは、1日に1パックの煙草を吸うのと変わらないとか（ヒェー！）。すわっている時間が長い仕事についているのなら、ときどき立ち上がるようにしましょう。

20分ルール

研究者で『The First 20 Minutes（最初の20分間）』の著者、グレッチェン・レイノルズは、できるだけ健康を保つには、20分おきに立ち上がることをすすめています。

グリーンを

スウェーデンでの仕事の初日、私のデスクには何もなく、唯一置いてあったのは観葉植物でした（まだコンピューターさえ届いていませんでした）。そしてこれには、きちんと理由もあったのです。すでに見てきたように（→p.30〜31）植物は空気を浄化し、集中力を高め、職場の満足度を上げます。その効果はすばらしく、最近の研究では、観葉植物は生産性を最大15パーセントまで引き上げることがわかりました！[25]

電源を落として蓄える

インターネットは、言うまでもなくすばらしいものです。95歳の祖父に見せてあげたときのことは、忘れもしません。いつでも指先から世界につながることに、とても驚いていました。ですがこれには、いつでも連絡がつくという期待やプレッシャーもついてきます。

絶え間ない仕事の電話やメールの受信を、断ち切ることができればどれほど解放感を味わえるか、想像してみてください。家族や友人たちと完全に仕事を忘れて楽しい夜を過ごしたり、太陽を浴びて気楽に過ごしたりする自由を。

スウェーデン人は、"仕事のあとの"お付き合いにも総じて長けています（もちろん適度に、です）。ですが、完全に休むことにかけてもプロです。経済的なプレッシャーをあまり感じないよう、意識的にものを買うことにかけても天賦の才能を持っています。ぜひ、参考にしてください！

スウェーデン流、仕事のあとの過ごし方

スキーヤーであれば、アフタースキー（apres ski）という言葉に馴染みがあるかもしれません。スウェーデンで仕事をしていると、"仕事のあと（after work）"あるいは単にAW（"aah- v"と発音します）という言葉に馴染むことになります。ロンドンでは、仕事のあとに飲みに行くのは、自然の流れで「軽く1杯どう？」（実際には軽くでなくなることはみんな知っていました）という感じでした。対してスウェーデンのAWは、一般的に何か月もまえから日時を設定しておくものです。もちろん、それぞれに長所と短所があります。

どちらを好むかは、週の半ばの気のおけない仲間との飲み会を、あなたが好きかどうかにもよります。私はロンドン派ですが、事前に企画さ

れた会をたまに行うことのよさも知りました。スウェーデン派のいちばんいいところは、あなたが"軽く"寄り道をしているときに、家族を不用意に待たせる心配のないことです。しかも事前に計画されていれば、同僚の参加率が高くなり、社内の交流が広がります。

電源を切る

　携帯電話やインターネットの時代が来るまでは、夕方オフィスを出るときに仕事も置いていき、翌朝出社するまで仕事のことはまったく考えませんでした。のんびりしていました！　いまではメールと会議の参加依頼で、携帯電話がずっとブルブルと振動しています。メールの通知はとくに気になるもので、つい確認したくなります。メールをまめに確認することで状況を把握して献身的に働いている、と私たちは思いがちです。ところが研究によると、必ずしもそういう結果にはならないようです。ロンドンのフューチャー・ワーク・センター（Future Work Centre）の研究では、1日中メールを受信していることは（寝るまえと起きたらすぐにメールを確認することも含め）、ストレスを引き起こし、日常生活にネガティブな影響を及ぼすということがわかっています。ひいては仕事のパフォーマンスにも影響してしまうのです。メールの即レスが逆効果だったなんて！

夜にスイッチオフする4つの方法

＋消灯時刻を決める。

＋メールの通知をオフにする。

＋不在通知をオンにする。

＋ベッドから離れた場所で、携帯電話を充電する。

スウェーデン人のような、年次休暇

　スウェーデン人が重要視しているものがあるとすれば、それは年次休暇です。スウェーデンに顧客がいたり、子会社があったりすれば、7月にはほとんど動きがないのはおわかりかと思います。理由ですか？　スウェーデン人は長く暗い、寒い冬を過ごしてきたので、あたたかくなると存分に楽しみたいのです！　罪悪感はなく、同僚や顧客にどう思われるかの心配もしません。仕事で中断されない、休みをとる権利があるのですから。3週間から4週間がふつうで、リラックスして家族や友人たちとシンプルな生活を送ります。

　もちろん世界中の誰もが、連続して4週間の休みをとれるわけではありません。ですが研究によると、多くの人は割り当てられている休暇さえ、すべては取得していません。グラスドア／ハリス・インタラクティブの調査[26]によると、アメリカ人の4人にひとりは、有給休暇をすべて取得していませんでした。そして61パーセントが、休暇中も仕事をしていました。休みをとることの効能を思えば、これは非常に残念なことです。きちんと休めばストレスが減り、仕事に復帰したときには、活気に満ち、創造力が発揮でき、生産性が上がり、さらには、家族との絆も深まります。夕日を眺めながらピニャ・コラーダを味わう、純粋な楽しみも忘れてはなりません。

休暇日数の魔法

　フィンランドのタンペレ大学の調査チームが実施した研究では、休暇の幸せと充足は、休暇の開始から8日が過ぎたところでピークに達することがわかりました[27]。それなら休暇は1週間で切り上げるよりも、2週間とったほうがよさそうですね！

意識的に買う

"不要なものを買う者は、自分に対して盗みを働いているに等しい"
スウェーデンのことわざ

スウェーデンに来たばかりのころの話です。スーパーマーケットで棚からものを選んでカゴに入れていると、うしろを歩いていたスウェーデン人の夫が、カゴのなかの商品を取り出しては、安いものに入れ替えているではありませんか。しっかりしている？ そうかもしれません。賢い？ それはまちがいありません！ ラーゴムな出費とは、予算を管理して意識的に買いものをすることだと私も学びました。そうすることで、必需品や自分にとって大切なものを買うために、お金を使えます。

万一に備えて貯金をする

専門家は、さまざまな前向きな理由を挙げて貯金をすすめます。たとえば家、車、休暇のため。そして何か入り用になったときや、緊急自体に備えるために。万一に備えて蓄えておくことは、心配の種を減らし、お金の管理をしているという自覚も持てるので、究極的にはより幸せになれます。それなら貯金しよう、という気になりますね！

スウェーデン人のように
貯金をする方法

1か月間の買いものを書きとめ、何にお金を使っているのかの全体像をつかみます。
それぞれの出費について、切り詰められないか検討しましょう。
たとえば携帯電話のサービスで使っていないものや、
毎朝テイクアウトしているラテなど。日々のささやかな節約が、
ローンの支払いに役立ったり、現在にも将来にも喜びをもたらすような
貯蓄になったりします。

いらないものを整理して、ガレージセールを開く。あるいは地元のフリーマーケットに参加する。

カスタマー還元プログラムに登録したり、クーポンを使ったり、プロモーション・コードを利用したりする。

1か月間の買いものを書きとめ、何にお金を使っているのかの全体像をつかむ。

友人や家族へのプレゼントを、手づくりにする。

友人たちを家に招く。街で会うより、くつろいだ夜を過ごせます。

地元の図書館を活用して、本、CD、DVDなどを借りる。

良質な器具や家具に投資し、長年使えるものを選ぶ。

パンは自分で焼く(そして平日用に冷凍する)。

自転車に乗ったり、歩いたりするようにして、車や公共の交通機関はあまり使わない。

カーシェアリングを利用する。車を維持するよりずっと経済的です。

デジタルサービスを味方に

スマートフォンのアプリには、貯蓄用のものが増えています。たとえば、あなたの銀行の残高に応じて、金額を調節して勝手に貯金してくれる自動貯金アプリもあります。自分に合うと思う貯蓄用のアプリをダウンロードしてみましょう。知らず知らずのうちに、世界中を旅できるだけの貯金ができるかもしれません！

ラーゴムに
友情を育む

スウェーデン人のパーソナル・スペースを尊重する距離感は、絶妙です(最初はやや戸惑うこともあるかもしれませんが)。スウェーデン人は強引になりすぎないよう、慎重に人と接します。ですから友情を育むまでには長くかかりますが、一度仲良くなると、その関係は生涯続くようなものになります。
　私たちも人とお近づきになるのに急ぐことなく、もっとゆったりとかまえてみてはどうでしょう。
相手がどういう人か知るのに時間をかけ、話に耳を傾けてみませんか。世のなか、何があるかわかりませんよね？
思いがけないきっかけから、
新たな友達ができるかもしれません！

"話をするのは、自分の知っていることを繰り返すにすぎません。ですが人の話に耳を傾ければ、新たなことを学べるかもしれません"
ダライ・ラマ

聞き役になる

　スウェーデン人と会話をしていると、彼らはめったに人の話をさえぎったり、かぶせて話してきたりしないのに気づきます。声のトーンは穏やかで一定していて（シュナップス［訳注：アルコール度数が40度にもなる蒸留酒］を飲んでいるときは別ですが）、会話が途切れることがあっても気にしません。イギリス人からすると、これには耐えがたいほどのきまり悪さを感じることがあります。私たちの文化では、会話での沈黙を避けようとするあまり、相手が話し終えないうちに重ねて話しだすのがふつうだからです。スウェーデン人も、沈黙が訪れると多少のきまり悪さを感じますが、それを埋めるためにむやみに言葉を連ねるのではなく、代わりにちょっとした相づちを打ちます。たとえばハッと息をのんだり、あるいは2音くらいの"フンフン"といううなずきを入れたり。そしてそのあいだに、話す意味のあることを考えます。

　この対話のやり方は、カクテルパーティーなど、軽い世間話をするときには向かないものの、ふだんの会話をより有意義なものにしてくれます。しかもラーゴムなものの例にもれず、公平です。誰もが話す機会に恵まれ、声の大きい人だけが会話を支配することがなくなるからです。

　今度ぜひ、社交の場や職場の休憩時間などに、試してみることをおすすめします。対話のペースを落としましょう。そしてほかの人たちの話をじっくりと聞き、何を言おうとしているのか考えます。誰かが話し終えたら（必要に応じて）考える時間をとってから意味のある言葉を返しましょう。会話のリズムがゆっくりになると、さえぎられる気遣いなく話ができることのよさを味わえるはずです。しかも話し相手の新たな、魅力的な一面を発見できるかもしれません！

<u>正直であること</u>

　スウェーデン人は"正直"という表現を使い、同じことをイギリス人の友人たちは"直接的"だと言います。いずれにしても、スウェーデン人は本当のことを言おうと努めます。スウェーデンのことわざにこういうものがあります。"不誠実な「イエス」より、正直な「ノー」を"。

　たとえば、あなたが髪型を変えたことにスウェーデン人が気づいたとします。いいな、と思わなかったなら、彼らは絶対にそうは言いません。もちろん、よっぽど親しくなければ、ちょっとイマイチかも、などとわざわざ口にするような不躾な真似もしません。つまり、いいと思わなければ、ただ黙っているのです。このラーゴム的な正直さ（率直すぎるということもありません）で、スウェーデン人は信頼できることがわかります。たしかに傷つくかもしれませんが、そのあとずっと似合わない髪型を人前にさらさずに済むということでもあります。次に友達に何か意見を聞かれたときに、心にとめておくといいかもしれません……。

"友達とは、
あなたの心のなかにある曲を
知っていて、
あなたが歌詞を忘れたときに
歌ってくれる人"
ドナ・ロバーツ

時間を守ること

　恥ずかしながら、私は周囲から時間管理が苦手な人として認識されています。自覚しているからといって大目に見られるわけではありませんが、そういう人はどうやら私だけではないようです。仕事や学校、ジム、パーティーでも、遅れて到着する人は世界中にいるでしょう。もちろん例外はあり、それはスウェーデンです。この国でディナー・パーティーを企画したなら、あなたが髪を乾かし終えないうちに、ドアのまえにはもうお客様が列を成しています。

　どうしてなのでしょう？　私は友人のなかでもとくに時間をきちんと守る、ソフィアに聞いてみました。「スウェーデンでは、すべてが時間通りに動くことにみんなが慣れているの。バスに列車、お医者さんの予約とか、何でも。だから当然、人と会うときにも相手が時間を守ってくれることを期待するわね」。彼女はそう説明してくれました。

　相手を敬うことを大事にするこの国では、時間に正確であることが大切です。社会的な習慣というのは、国によってちがいますが、時間を守って相手に敬意を示すことには、いい面がたくさんあります。

時間通りに到着すべき6つのすばらしい理由

＋他人に対して、敬意と思いやりを示すことができる。
＋あなたが信頼できる人だという現れになる。
＋勤勉でプロ意識を持った人だと見られる。
＋自己管理ができているという意識が持て、気持ちも穏やかになる。
＋子どもたちや、周囲の人たちのいいお手本になる。
＋スウェーデン人たちに満足してもらえる。

しっかりと意識を向ける

　携帯電話というのは、どのくらい気が散るものなのでしょう？ ポケットのなかや、テーブルの上で、振動したり音を立てたりして、あなたに「見て！」とアピールします（実際は、単に知り合いがランチの写真を投稿しただけだったりするのですが）。そして友達が化粧室に向かうために席を立った瞬間、あなたは画面を確認することになります。悲しいかな、これが私たちの日常になっています。ですが最近の社会心理学者たちは、友人と会うときには携帯電話を家に置いていくか、持っていくにしてもバッグの奥深くにしまっておくことをすすめています。そうすれば、相手としっかりと向き合うことができるからです。スウェーデンでもテーブルの上に携帯電話が置かれていることはときどきありますが、相手に敬意を表するため、ほとんどの場合サイレント・モードに設定され、画面が伏せてあります。私たちも、その場に集中することをもうすこし考えてもいいのではないでしょうか。コーヒーのおかわりを注ぎに友達が席を立つやいなや携帯電話を取り出すのではなく、それまでに話したことをゆっくりと振り返ってみる、あるいは単にその場の雰囲気を楽しんでみてはいかがでしょう。

"友情とは
大層なものではない。
百万もの、些細なことだ"

作者不詳

フィーカの時間

フィーカ（fika）：友人たちとコーヒー、おやつ、そして会話を楽しむこと。

　フィーカはスウェーデン人にとって、欠かすことのできない習慣で、"休憩してコーヒーを飲み、おやつを楽しむ"ことです。ですがそれだけではなく、もっと深い意味があります。それはくつろいだウムゴス（umgås／いっしょに過ごす）のための時間で、家族や友人たちとおしゃべりをすることでストレスや緊張を解き放つのです。

　フィーカの素敵なところは、ややこしさがまったくないところです。場所はどこでもかまいません。家の食卓、地元のカフェ、ビーチ、あるいは道ばたでも。時間も問いません。朝、昼、午後、夕方でも（スウェーデンの基準からしても、夜遅くの濃いコーヒーは避けるのが無難でしょう！）。用意するものはカップ1杯のコーヒー（あるいはほかのあたたかい飲みもの）と、お好みによっておやつ（シナモンロールは定番のひとつです）だけです。大切なのは、そのときしていることをいったんおいて、人生のささやかでも大切な楽しみを味わうことです。

フィーカの言いまわし！

＋フィーカスーゲン（fikasugen）───　フィーカを求める、強い欲求

＋フィーカルム（fikarum）───　従業員などが集い、コーヒーを飲むための部屋

＋フィーカパウズ（fikapaus）───　していることをやめて、フィーカを楽しむこと

思索のフィーカ

 デンマークで見かけた光景が、忘れられません。10代の少女がふたり並んでビーチに腰かけ、1枚のブランケットにくるまって魔法瓶からコーヒーを飲んでいました。黄金色の夕焼けが、ふたりの生き生きとした表情を照らしているのが見えました。ただそれだけのことですが、ふたりの楽しい気分がひしひしと伝わってきたものです。

<u>コーヒー</u>

プローカフィネイティング（procaffeinating）：コーヒーを1杯飲むまでは、
何もはじめようとしない傾向。

―――

 スウェーデンで初めてコーヒーを飲んだとき、毒が入っていたのかと思いました。汗が噴き出し、手のひらが痒くなり、胸がドキドキしてきたからです。ここでは、コーヒーがびっくりするほど濃いのです！ コーヒーの消費量が世界で3本の指に入る国なので、スウェーデン人は平均して1日に3杯から5杯のコーヒーを飲みます。だから濃さの許容レベルが上がっていったのでしょう。多くのカフェで、ポートール（お代わり無料）であることも、そのことにひと役買っているようです。

 コーヒーにはネガティブなイメージがあるかもしれませんが、実はコーヒーを1日に数杯飲むことで、いくつもの効能が期待できると言ったら意外に思われるでしょうか。抗酸化作用があり、各種栄養素が含まれるほか、いくつかの研究によると心臓にもよく[1]、多発性硬化症のリスクを最大30パーセント減らし[2]、乳がんの再発防止にも役立つ可能性がある[3]そうです。

スウェーデンの
おやつ

　フィーカを多く体験してきた身として、スウェーデン人は相当の甘党だと言って差し支えないでしょう。ダムスーガレ（dammsugare／プンシュ・リキュール風味のお菓子で、緑色のマジパンでくるんであり、両端にチョコレートがついたもの）、フクラッドボッラル（chokladbollar／チョコレートボールにココナッツをまぶしたもの）、それにカネルブッラル（kanelbullar／シナモンロール）は、フィーカの定番です。すべてひと口サイズで、甘いものへの欲求は満たしつつ、食べたあと思わずうとうとしてしまうほどは大きくはありません。つまり、フィーカにちょうどいいのです！

＋フクラッドボッラル

＋カネルブッラル

＋ダムスーガレ

＋ハッロングロッタン
（ジャムクッキー）

＋ペッパーココール
（ジンジャービスケット）

＋セムラ
（カルダモン入りの甘い生地にアーモンドクリームとホイップクリームを挟んだもの）

オルガおばあちゃんの
シナモンロール

　甘くて美味しいカネルブッラル、つまりシナモンロールはフィーカに欠かせないものです。カネルブッラルの日（10月4日）があるくらい愛されています。バリエーションはさまざまあり、家族それぞれに何世代にもさかのぼるレシピを持っています。ここで紹介するのは夫の曽祖母のレシピです。

10-12個分

生地
+ 良質な小麦粉　450g
　※打ち粉用に追加で少々
+ 粉砂糖　50g
+ ドライイースト　25g
+ 塩　小さじ1/4
+ 角切りにしたバター　75g
+ あたためた牛乳　250ml

フィリング
+ 溶かしたバター　75g
+ ムスコバド、あるいは三温糖　60g
+ シナモンパウダー　大さじ2〜3
　（風味付け）

仕上げ
+ 艶出し用に溶いた卵1個、または牛乳
+ 振りかけるためのパールシュガー

1．オーブンを200℃に設定し、あたためておく。

2．まずは生地をつくる。小麦粉、粉砂糖、ドライイースト、塩をすべてボウルに入れ、バターを足す。電動ミキサーのこねる用のアタッチメントで、あるいは指先で、全体が湿った砂のような感触になるまで混ぜこむ。

3．あたためた牛乳をすこしずつ足しながら、混ぜつづける。生地をまとめ、べたつくようなら、小麦粉を少量追加する。

4．ボウルに清潔な乾いたふきんをかぶせ、1時間おいて発酵させる。

5．打ち粉をふった平らな場所に生地をのせ、5分間よく練る。生地がなめらかになり、ツヤが出てきたら、厚さ約1cmになるように長方形に伸ばす。

6．生地の表面に溶かしたバターを塗り、その上に砂糖とシナモンを振りかける。これがフィリングになる。

7．長い辺から生地をくるくると巻き、3cm幅に切りわける。断面を上にして、間隔を十分にあけて鉄板に並べる。ふきんをかぶせ、45分間おいて発酵させる。

8．溶いた卵（あるいは牛乳）を、表面に刷毛で塗り、パールシュガーを振りかける。あたためておいたオーブンで15分間、こんがりとした焼き色がつくまで焼く。鉄板から簡単にはがれ、下面を叩いて中身が空洞のような音がしたら焼き加減はOK。

9．オーブンから取り出し、網にのせて冷ます。冷めたら、すぐにいただく。密閉容器に入れておけば、2、3日間は保存できる。もっと長く保存する場合は、冷凍庫に入れておく（急な来客のときに重宝します！）。

ラーゴムなおもてなし

　税金が高いため、スウェーデンでは昔から外食は手頃なものではありません。最近ではだいぶ値が下がってきましたが、それでもスウェーデン人は外食よりは家に人を招くことのほうが多いようです。家庭でのおもてなしは、あまり気張らないのがふつうです。すばらしい食事が用意されたディナー・パーティーもありますが、持ち寄り形式の会がごく当たり前になっています。それぞれが、冷蔵庫にあったものを見繕って持参するのです（人数によっては、自分の分のフォークやナイフ、お皿やテーブルだって持っていくこともあります！）。そうすると、行くほうも呼ぶほうも気楽な集まりになり、みんながラーゴムなだけ、役割を担うことができます。

友達と過ごす4つの楽な方法

友達との集まりを、時間や労力、予算を理由に先延ばしにしようと思ったとき、以下のようなアイデアを提案してみてはどうでしょう。

ピクニック。 あたたかい時期であれば、ピクニックは簡単で理想的です。事前の計画いらずで（各自が冷蔵庫に入っていたものを持ち寄ればいいので）、準備もいらず（家の大掃除もなければ、大量の買い出しもなく）、どこででも楽しめ（個人的には、水辺が大好きです）、うきうきした気分になれます。あとはお天気を祈るのみです！

バーベキュー。 グリルのほこりを払って、庭で、森で、ビーチで気軽に集まりましょう。ここでのバーベキューは、クルマエビを広げて、シャンパンのコルクを抜く、という感じではありません（ビールか、手頃なワインが好まれます）。そんなに大げさなことはせず、グリルで焼けるものを持ち寄ります。

ワッフル・アフタヌーン。 イギリス式のハイティーは忘れましょう。スウェーデンでは、ワッフルの登場です。ワッフルがすばらしいのは、つくるのが簡単で（自家製の生地を、ワッフル型に流しこむだけ）、盛りつけも楽な上に（私はイチゴジャムとホイップクリームをのせるのが好きです）、子どもからお年寄りにまで、人気があるところです！

焚き火を囲む。 春になると、共同の庭がある集合住宅に住んでいるスウェーデン人は、ステードドーグ（städdag）を企画します。これは、アウトドアのシーズンに向けて、みんなで庭の手入れをする日です。もしご自宅にお庭があれば、あるいは共同のスペースがあれば、友人たちと落ち葉をかき集めたり、生け垣を刈りこんだり、雑草を抜いたりして、最後にまとめて焚き火にしてはいかがでしょう？ 長い枝があれば、火にかざしてソーセージを焼くのにぴったりです。マシュマロもお忘れなく！

［訳注：日本国内での焚き火（屋外燃焼行為）は、消防法や各自治体の条例の制限があります］

スウェーデン人のようにあたたかく

　スウェーデンの街の中心を夜歩いていると、レストランやバーで、外の席に人々がすわっているのに気づきます。とうに日は沈み、太陽のぬくもりは感じられないのに、どうしてでしょう？　フリースのブランケットが、椅子の背もたれにかかっていて、すこしでも冷えてきたら、使えるようになっているのです。もし屋外での集まりを企画することがあれば、ブランケットをカゴいっぱいに準備して（お揃いでなくて大丈夫です）、気温が下がってきたときに、みんなが使えるようにしておきましょう。ぬくぬくと潜りこむのに最適ですし、日が沈んで肌寒くなってもパーティーを続けられます！

人間関係を
ラーゴムに

　人間関係について語るのに、まず自立心についてお話するのは変な感じもしますが、スウェーデン人の人間関係を理解するには、これが基本となります。
自立心は、スウェーデン社会において中枢を成すものです。
すべてのことが、
人々が自力で生きていけるようにできています。
たとえば保育所には政府の助成金がつぎこまれていますが、これは育児休業が終わったら誰もが働くことができ、また働くことで世帯収入に貢献することを期待されている（精神的、物理的に無理でないかぎり）ということです。
そしてそこから、
本当にバランスのとれた健全な関係性が生まれます。

バランスを見つける

スウェーデンでは、人生におけるすべての側面で偏りのない責任を持つことが、人と人との関係性において大切だということを私は学びました。働くのでも、家事をするのでも、子どもの面倒を見るのでも、セックスをするのでも、あるいは相手にひとりの時間をつくってあげるのでも、それぞれが自分のできることをすることが、バランスを見つける秘訣のようです。

いっしょにいる──でも、いっしょにいすぎない

スウェーデンは自由な国で、性や人間関係について、寛容な態度をとってきました(スウェーデンは、2009年、世界で7番目に同性婚を合法化しています)。自立心を重んじる文化なので、パートナーのあり方として、いっしょに暮らしていても、いっしょに暮らしていなくても、ずっと結婚しなくても、すべて受け入れられます。もっと言えば、こうした選択肢に対する言葉も考案されています。たとえば、サールボ(särbo)は、いっしょに暮らしていないパートナーを指し、サンボ(sambo)はいっしょに暮らしているけれども、結婚していないパートナーです。結婚しないで40年間以上いっしょにいるカップルというのも、珍しくありません。

どんなタイプであっても、スウェーデン人が人間関係を固めるのに欠かせない要素があり、それはラーゴムの哲学と結びついています。優しさ、敬意を軸として、お互いがチームとして協力し合うことです──あらゆる局面で!

関係の平等性

ジェンダーの平等という点において、スウェーデンが世界でもっとも進歩的だといわれているのは、不思議ではありません。それはこの国ではみんなが強く求めつづけてきたもので、とても誇りを持っていることでもあります。それでもまだまだやるべきことはある、と彼らは語ります。収入、家事、子育て、そしていっしょに生活する上でのあらゆる場面で、それぞれが平等に責任を負うのが理にかなっているということに私は気づきました。タスクが効率よく分担され、それぞれがきちんとこなしてくれると信頼し合えば、公平な関係が築けます。ラーゴムなだけやることがあり、ふたりともバランスのとれた生活を送れます。バンザイ!

1974

スウェーデンでは、世界で初めて両性が取得できる育児休業制度を導入。

85%

育児休業を取得する、スウェーデンの父親の割合。

480

スウェーデンで両親が育児休業を取得できる合計日数［訳注：1人当たり240日ずつ］。日数の一部はパートナーに譲渡も可能。

家事を分担する

　何年かまえのことですが、私は布を縫い合わせる作業をしなければならなくなりました（めったにないことです！）。そこでミシンを借りてきて、おそるおそる取りかかりはじめたときのことです。夫が現れ、作業の内容を私に確認すると、ミシンのまえにすわったではありませんか。そしてわずか数分で、見事なクッションカバーを2枚縫いあげました。私はあまりにびっくりして立ち尽くしていました。「学校で習ったんだよ」と、彼はケロッとしていました。

　スウェーデンでは、子どものころから家事は、ジェンダーに応じてではなく、好みで分担すべきものだと教えています。たとえば料理が手早くできて気晴らしになると思っている人なら、キッチンにいることが多くなるでしょう。人によってはスーパーマーケットを見てまわるのが好きかもしれませんし、あるいは洗濯が好きかもしれません。そして手を上げる人がいない家事については、交代制にすればいいのです。

好きなことをする時間

　パートナーと作業を分担することで、生活のバランスを保つことができ、好きなことをする時間が確保できます。いっしょの時間も、それぞれの時間も。自立心が大切にされているこの国では、友達と会う、ハマっていることに取り組む、ジムに行く、パートナーと共通しない趣味を持つなど、好きなことをする時間を持つことが、ラーゴムな関係を維持していく秘訣だと言われています。

思いやりを

"私にそんな価値はまったくない、と思うときに愛情をください。
それが、私が愛情をいちばん欲しているときだから"
スウェーデンのことわざ

　幸せな関係が長く続く秘訣を、知りたいと思いませんか？　著名な心理学者であるジョン・ゴットマンは、互いに思いやり、寛容であることだと言います⁽⁴⁾。ラーゴムなことはすべてそうですが、大げさなことではありません。大変な努力などしなくても、ちょっとした思いやりのある行いの積み重ねが、大切な人の笑顔につながります！　たとえば私の夫は、朝コーヒーをベッドまで運んでくれる、私の好物のチョコレートを冷蔵庫に常備してくれる、優しいメールを送ってくれる、といった気遣いをいつでも欠かしません。大げさではなく、シンプルなことですが、それで私の日々はあかるく彩られるのです！

パートナーに、あなたが気にかけていることを伝えるためにできる５つのささやかなこと

＋「今日、何かできることある？」と聞く。
＋パートナーが読んでいる本に、相手が思わずにっこりするようなメモを入れておく。
＋何でもない日に、コーヒーや紅茶をベッドまで運んで驚かせる。
＋パートナーの好きなおやつを買って帰る。
＋頼まれていなくても、自転車のタイヤに空気を入れておいてあげる。

セックスもラーゴムに

ベッドルームに関しては、スウェーデン人はリベラルな考え方で知られています。スウェーデン人の夫は、私たちが20代のころ、私の実家に彼が来たときに別々の寝室を割り当てられたことをいまだにジョークにしているほどです！　スウェーデンの親は、もっとおおらかにかまえ、子どもたちにセーフセックスについて話をし、いずれにしても何かが起こるのなら、隠れてこそこそされるよりは、安全な家のなかでのほうがいいと考えています（法定年齢に達していれば）。清々しいですよね！

スウェーデン人のようにウェディングを計画する

　私は20代半ばにスウェーデンに移り住みましたが、最初の何回かの夏は、女同士、男同士の婚前パーティーや結婚式を、北海を隔ててイギリス、スウェーデンの両国で行うことであっという間に過ぎていきました。すべてがとても楽しく、本当にいい思い出です。両国での婚前パーティーを比較すると、イギリスのパーティーはややぜいたくな感じで（私にとっては、フライトやホテルの出費がかさんでしまうせいでもあるのですが）、スウェーデンのほうは、工夫して楽しむ、といった感じでしょうか。場所も自宅が多くなります。そしてこれは、結婚式にも通じます。スウェーデンの結婚式は気楽な雰囲気で、ゲストたちも思い出深い日になるよう、それぞれに何かしら貢献します（当日に場を盛り上げるプラスアルファがあればよいのです）。

　スウェーデンでは、結婚式でも各人のバランスを大切にします。関係者全員に余計な負担があまりかからないように気を配り、みんなで楽しむことをいちばんに考えるのです。

郵便はがき

１１３８７９０

料金受取人払郵便

本郷局
承認

2274

差出有効期間
2020年２月
29日まで

東京都文京区本駒込5丁目
　　　　　　16番7号

東洋館出版社
営業部 読者カード係 行

ご芳名	
メールアドレス	＠ ※弊社よりお得な新刊情報をお送りします。案内不要、既にメールアドレス登録済の方は右記にチェックして下さい。□
年　齢	①10代　②20代　③30代　④40代　⑤50代　⑥60代　⑦70代〜
性　別	男　・　女
ご職業	1. 会社員　　2. 公務員　　3. 教育職 4. 医療･福祉　　5. 会社経営　　6. 自営業 7. マスコミ関係　　8. クリエイター　　9. 主婦 10. 学生　　11. フリーター　　12. その他(　　　　　)
お買い求め書店	

■ご記入いただいた個人情報は、当社の出版・企画の参考及び新刊等のご案内のために活用させていただくものです。第三者には一切開示いたしません。

Q ご購入いただいた書名をご記入ください

（書名）

Q 本書をご購入いただいた決め手は何ですか。

(　　　　　　　　　　　　　　　　　　　　　　　　　　　)

● お買い求めの動機をお聞かせください。

1. 著者が好きだから　2. タイトルに惹かれて　3. 内容がおもしろそうだから
4. 装丁がよかったから　5. 友人、知人にすすめられて　6. 小社HP
7. 新聞広告（朝、読、毎、日経、産経、他）　8. WEBで(サイト名
9. 書評やTVで見て(　　　　　　　　　　)　10. その他(

Q 本書へのご意見・ご感想を具体的にご記入ください。

Q 定期的にご覧になっている新聞・雑誌・Webサイトをお聞かせください。

Q 最近読んでおもしろかった本は何ですか？

Q こんな本が読みたい！ というご意見をお聞かせください。

ご協力ありがとうございました。頂きましたご意見・ご感想などをSNS、広告・宣伝等に使用させて頂く事がありますが、その場合は必ず匿名とし、お名前等個人情報を公開いたしません。ご了承下さい。

スウェーデン式婚前パーティー

　イビサ島での夜遊びや贅沢なスパ三昧の週末は忘れましょう。スウェーデンでの婚前パーティーは、友人たちや親戚が結婚式のまえに知り合える機会をつくる、個人的な記念すべきイベントです。伝統的には、花嫁の付き添い人や新郎の付き添い人が、主役の花嫁や新郎に気づかれないように、こっそりと企画します（朝、いきなり知らせます）。つまり、花嫁や新郎は、婚前パーティーが予定されているはずだと知りつつも、それがいつなのかわからない、というドキドキした状態で過ごすことになります。結婚式の何か月かまえ、企画する人たちが集まって当日の予定を話し合います。よく行われるのは、ピクニックや、スカベンチャー・ハント［訳注：借りもの競争のようなもの］、ダンス（ノリのいいBGMを流す）、ボート遊びなどです。クリエイティブであればあるほど、忘れがたいイベントになります！　また費用がかさむものではないので、多くの人に気軽に参加してもらえます。経験から言うと、独自の工夫が凝らされていると、何年経っても忘れられない素敵な思い出になります。

スウェーデン流の
婚前パーティー計画法

日にちを決める。 主役のパートナーに連絡をとり、ふたりの予定を押さえます（もちろん、主役には、婚前パーティーだと知られないようにします）。パートナーは、招待客のリストを提供し、イベント当日まで、主役に予定が入らないよう、気をつけます（ちょっとしたつくり話を用意しておいたほうがいいかもしれません）。

アイデアを出し合う。 企画者たちは、こっそりと計画を進めるのが慣例です。これがいちばん楽しいところで、みんなもまとまります。企画は楽しいもの（公園でのピクニック、サウナで絆を深める、自然豊かな場所でのアウトドア・ゲームなど）から突飛なもの（曲をつくって道ばたで披露し、結婚式の衣装代を稼ぐなど）まで、何でもありです！

予算を決めて、きっちり守る。 予算も話し合いで決めます。大切なのは全員が妥当だと感じることで、例外はないようにしましょう。イベントの目的は、花嫁、あるいは新郎にとって特別な人たちが集まって、結婚式のまえにみんなで楽しむことなのですから。予算は事前に決めておいて、越えないように気をつけます。何事もその人にとって過剰な負担とならないように。

仕事は分担する。 計画が決まったら、仕事を割りふります。たとえば音楽の曲目リストをつくる人、ゲームを担当する人、ディナーの予約をする人やピクニックの準備をする人など。特定の人だけに、やるべきことが集中しないようにするのがポイントです。チームワークを発揮しましょう。

驚かせる。主役をどう驚かすかは、イベントの雰囲気を左右します。どのタイミングで、どういうふうに知らせるかは、とても大切です！　参加者がいきなりドアのまえに現れる、あるいはベッドの端に立っている、というのはよくあることです。経験上、花嫁に対するアプローチには、気遣いがあるようですが、新郎には手荒いやり方をすることもあります。たとえば、新郎に花嫁を驚かせるという嘘のミッションを課し、ウサギに扮装させて指定した場所に行ってもらいます。そこで新郎をさんざん待たせ、彼が仕方なく引き上げていくのを、友人たちと花嫁でこっそり見ている、というようなものです。実際のパーティーはその数週間後、友人たちが大笑いをしたあとに開催されます。ひどい？　たしかにそうかも。ですが、主役の性格を知り尽くした仲間だからこそのドッキリ企画は、とびきりの思い出になるはずです！

ラーゴムなウェディング

　経験から言うと、スウェーデンの結婚式はあまり豪華にはせず、見事なまでにシンプルで、かつ心がこもったものです。費用はあまりかけず、こじんまりしていて、スウェーデンの集まりはすべてそうですが、いっしょに楽しく過ごすことに主眼が置かれています。

　多くの国で結婚式にかかる費用が高騰している現代において、スウェーデンのやり方はとくに聡明に思えます。アメリカでは結婚式の費用は過去5年間で50万円以上も増えていると言われていて[5]、平均予算は約300万円です。ハネムーンも控えているというのに！　そうなると結婚そのものよりも、大がかりなイベントの準備に意識が向きがちで、ストレスをかかえて結婚生活をはじめることにもなりかねません。実際、ジョージア州、アトランタにあるエモリー大学の研究によると、結婚式に費用をかけるほど、夫婦の絆が持続する期間は短くなるとか！[6]

　結婚式に300万円をつぎこんだカップルの離婚する確率は、50万～100万円程度の人と比べると、250パーセントも増えるそうです。興味深いことに、結婚生活が長く続く確率がもっとも高いのは、10万円以下の人たちだそうです。

　ちょっと考えさせられますよね？　もしこれから結婚式を予定しているのなら、スウェーデン流のアイデアをいくつか挙げるので、参考にしてください。穏やかに結婚の日を迎え、さらに素敵な結婚生活をはじめましょう。

友人たちに協力してもらう

結婚式の準備には、みんな喜んで協力してくれます。招待客のなかには、きっとひとりやふたり、特別なスキルを持っているなど、何かしら貢献してくれそうな人がいるでしょう。準備にかかわってもらえないか、丁寧に聞いてみます。そのとき、その人たちにも当日はゆったりと楽しんでもらうつもりだと伝えるのをお忘れなく！

結婚式の招待客に、以下のような人はいないでしょうか

+ 歌が得意な人
+ 写真撮影が得意な人
+ 髪のアレンジができる人
+ メイクができる人
+ フラワー・アレンジメントが得意な人、あるいはほかの装飾関係のスキルを持っている人

写真

　私が出席した結婚式では多くの場合、招待客が写真を撮る手伝いをしていました。するとかしこまった感じではなく、くつろいだ雰囲気の写真に仕上がって、極めてラーゴムです。プロのカメラマンの友人にタダで撮影を頼むのは失礼ですが、ゲストのなかには写真を撮るのが好きで、しかも内気で、写真を撮っていたほうが気が楽な人がいるかもしれません。ほかのゲストたちも、コンパクトカメラや携帯電話を持ってきているでしょうから、専用のカメラマンを雇わなくても、あとでアルバムをつくるのは簡単です。

素朴な場所で

　ほとんどの場合、高くつくのは会場費です。スウェーデンでは、どこで結婚式を挙げてもいいことになっている［訳注：自然享受権があるため］ので、湖のほとりや森の空き地、山の上など、美しい場所を選ぶことができます。神聖な儀式のあとは、別荘や公共の施設、庭などで食事をします。自然を中心に据えるのがポイントです。豪華な建物などより、背景として感動的ですし、会場費もゼロです！

　天気が崩れた場合に備えて、みんなが濡れないような雨除けを借りておくのが賢明です。ただ、私はゲストが自前の傘と長靴を持参した結婚式に出たこともあり、それはそれでとても楽しいものでした。写真もカラフルに仕上がります！

テーブル・セッティング

多くの国では、新郎新婦用にテーブルを用意し、ほかのゲストとは離して置くのが習慣になっています。ゲストを見下ろすような格好で、一段高くなっている場合もあるでしょう。スウェーデンでは、U字型、あるいはM字型の配置が好まれます。新郎新婦用のテーブルは、U字型であれば、Uの書き出しと書き終わりをつなぐ、M字型であれば、Mの2つの山のてっぺん同士をつなぐように置かれます。こうした長い並びの形にすると、くつろいだ雰囲気になり、ゲストは主役のふたりと話しやすくなります。

もしスウェーデン式の結婚式を参考にするのなら、すべてを完璧にしなくてかまいません。椅子が不揃いだったり、お花がジャムの空き瓶に活けてあったり、キャンドルがきらめいていたりするのは、すばらしく落ち着けますし、愛らしいものです。

スピーチ

スウェーデンでは、ブロロップスミッダ（bröllopsmiddag／結婚披露宴）がはじまると、司会者の出番です。司会者はスピーチを仕切りますが、その数はとても多くなります。逸話を披露したり、歌ったり、詩を朗読したり、ゲストは一歩前に出て、門出を迎えたふたりに敬意を表します。思いやりのある言葉を贈ることで、印象深い会になります。

ただ、結婚のしきたりを崩すのは、難しいと感じるかもしれませんね。たとえばイギリスやアメリカでは、新郎の付き添い人、新婦の父親、新郎、新婦などの主だった人以外がスピーチをするというのは、やや違和感をもって受けとめられかねません。ですが、ほかの方法もあります。たとえば会の進行に、思いがけないスウェーデンのウェディング・ゲームを追加してみるのはいかがでしょうか？

スウェーデンの
ウェディング・ゲーム４つ

シュー・ゲーム。新郎の付き添い人は、密かに新郎新婦への質問をゲストに紙に書いてもらい、集めておきます。日常に関する「テレビのリモコンの主導権はどっち？」というものから、もうすこし踏みこんだ「最初のアクションはどちらから？」といったものまで。そして主役のふたりに、背中合わせに椅子の上に立ってもらいます。それぞれ、片手に新郎の靴1足、もう一方の手に新婦の靴1足を持ってもらいましょう（同性婚の場合、靴の色がちがえば大丈夫です）。そして質問をして、答えにふさわしいと思うほうの靴を上げてもらう、という趣向です。

キス・オン・デマンド。スウェーデン人は新郎新婦のキスを見るのが好きなので、専用のゲームを考案しています。ブロロップスミッダ（結婚披露宴）の最中にゲストたちがグラスをチリンチリンと鳴らすと、カップルは席にすわったままキスをすることになっています。そしてテーブルを叩くと、カップルはテーブルの下にもぐって、人目に触れずにキスをする合図です。

花嫁にキスを（みんな）どうぞ。スウェーデンの結婚式では、新郎新婦は化粧室に席を立つのを控えるかもしれません。伝統的に、どちらかが席を立つと、その場の全員がグラスを鳴らし、残ったのが新郎なら女性たち、新婦なら男性たちが列をなし、相手が戻るまでのあいだ、新郎／新婦の頬にキスをすることになっているからです。

ソングヘフテ（sånghäfte／歌の冊子！）。私はまったくの音痴なので、スウェーデンで初めて結婚式に参加したとき、歌の冊子が置いてあるのを見て、凍りつきました。ソングヘフテには、番号の振られた伝統的なスナップスヴィソール（snapsvisor／シュナップスの歌）が載っています。パーティーの最中に誰かが番号を叫ぶと、全員が冊子を見ながらその歌を歌います。そして歌が終わると、陽気なスコール（skål）！というかけ声でシュナップスを飲みます（注：夜が更けていくにつれ、なんだか歌がうまくなったような気がしてきます）。

ラーゴムな
子育て

私には3人子どもがいるので、子育てはやりがいがあるものの、大変なことも多いことを知っています。
いまの時代、すべてを手に入れようと謳われています。
仕事を持ち、子育てをして、さらに自分の時間を楽しむ。
そのすべてをやりくりして、
ものすごいスピードで飛びまわっています。
精一杯がんばってはいるものの、
なかなかこれで十分だという気にはなれません！
でも、そんなふうでなくてもいいのです。

私たちはスーパーマンではない

　何でもこなすスーパー・ペアレントでなくても、いい親でいられるとしたらどうでしょう？　あらゆることをほどほどに経験することが、子どもたちのためになるのだとしたら？　私たちが見ているときでも、友達といっしょにいるときでも、飽きているときでも、おもちゃで遊んでいるときでも、工作をしているときでも、スポーツをしているときでも、テレビを見ているときでも、自然のなかにいても、勉強しているときでも。自分たちに、そして子どもたちにあまりプレッシャーをかけずに余裕を持たせることで、自分自身と育児について、よりよいバランスを保てるようになります。

1対1の時間

　親として、私たちは日々奮闘し、仕事、家庭、そのほかの用事やさまざまなことをやりくりしようとしています。そうすると、子どもといっしょに過ごす時間、つまり100パーセント子どもと向き合う時間は、必ずしも確保できません。ですが子どもと充実した時間を過ごすのに、必ずしもアクティビティーを目一杯詰めこむことはないと、考え直してみてはどうでしょう。自分に対しても、もうすこし期待値を下げてみては？　1日のうち、ほんの数分間だけ時間をとることで、子どもの自尊心は満足し、愛されていると感じ、聞いてもらっている、大事にされていると感じるのだとしたら？

　子どもたちが幼かったころ、姉が私に、どんなに忙しい日でも、子どもたちと自分だけの時間をすこしはとったほうがいいとアドバイスをしてくれました。いっしょに博物館に行くといったイベントでもいいですし、絵を描く、本を読む、ジグソーパズルをする、といったちょっとしたことでもいいのです。ラーゴムの精神では、このシンプルながら特別な1対1の時間は、子どもたちにとって最高の贈りものです。話したいことがあれば、あるいはいっしょにお散歩やサイクリングに行きたければいつでも声をかけてね、と言っておいてあげるのも、子どもと心を通わせるすばらしいやり方です。親として感じているプレッシャーをやわらげるのに役立ちますし（しょっちゅう感じる親としての罪悪感も）、自分に注目してほしいという子どもの欲求を満たすこともできます。しかもあなたと子どもの双方にとって、その日いちばんのかけがえのない時間になることでしょう！

育児休業

　平日にスウェーデンの街をぶらぶら歩いていると、うれしそうにベビーカーを押していたり、手づくりの離乳食を子どもに食べさせていたりする男の人を大勢見かけることでしょう。彼らは"ラッテパッパ（latte pappa）"と呼ばれ、ここでは日常の一部で、両親で480日間の育児休業を取得できる制度のたまものです。日数は両親で平等に分けることが奨励されていて、子どもが12歳になるまで使えます。

　うちでは、長女が生まれたあとに、私が仕事に戻るのと交代で夫が6か月間の休みをとりました。それがどれほどよかったかは、言い尽くせません（その効果はいまでも続いています）。夫が娘の面倒をしっかり見てくれているので、私は安心して仕事を再開することができました。また子どもが医者にかかるときや、放課後に何かするときにも、夫婦共同で責任を持つようになります。子育てには平等に責任があること、そしてふたりともキャリアを追求しつつ愛情深い親になれることを、身をもって学ぶことができました。子どもたちがそのことを理解することも、大切です。

　世界の多くの地域では、女性のほうが男性よりも子育てに向いていて、家で子どもと過ごすことを好む、という思いちがいがあります。私は育児休業を取得した大勢の男女に話を聞いて、それは個人によるところが大きいことを知りました。私のまわりには、仕事に復帰するのが待ち遠しくて、なかには予定を早めて仕事に戻った、という女性が男性と同じだけいます。また休みをとって子どもといっしょにいられるのをありがたく思い、一瞬一瞬を慈しんだという人も、男女ともにいます。大切なのは、子育てをどれだけ楽しむかよりも、親としての役割を果たすことです。

　2011年に発表された、アメリカ人を対象にした調査[7]で、人生における最大の後悔を尋ねたところ、トップ2のうちひとつは、家族との時

間を十分にとらなかったことだったそうです。子どもたちにとっては、転んだときに起こしてくれるのが／ミートボールのマッシュポテト添えをつくってくれるのが／いっしょに踊ってくれるのが、ママであってもパパであっても同じようにうれしいことなのです。要は幼いころに、父親と母親が同じくらいの時間を子どもといっしょに過ごせることが大切なのです。ですからおむつの交換、擦りむいた膝小僧の手当、病気のときの付き添い、学校の送り迎えや行事などには、父母が手分けしてかかわるようにしましょう。みんなの満足度が上がります！

退屈するのは、子どもにとっていいこと

"歌いたいと思う人は、いつでも歌を見つける"
スウェーデンのことわざ

―――――

　子どもには常に刺激を与えるべき、という考えにとらわれるのは、ありがちなことです。ですがスウェーデンでは、課外活動をやりすぎるようなことはしません。専門家によると"静かな時間"は、決められた活動と同じくらい、あるいはもっと大切だと言います。友情を育む、感情を理解する、想像力をふくらませるなどのスキルを身につける余地が生まれるからです。ですから子どもが「つまんなーい！」とすねても、そっと見守りましょう。きっと自分で最高に面白い遊びを思いつくでしょう！

おもちゃへのラーゴムなアプローチ

　子どもたちにはできるかぎりのことをしてあげたい、と誰もが思います。必需品である食べものやあたたかい家、洋服はもちろんですが、ゲーム、おもちゃや本も与えたくなります。ですが、どこで線を引けばいいのでしょう？

　私たちの祖父母の世代は、持っていたおもちゃの種類は多くありませんでしたが、たとえばクマのぬいぐるみなどは、いまでも大切にしています。今日（こんにち）では、子ども部屋はおもちゃであふれかえっています。音を立て、ピカピカ光り、歩いて話す数々のおもちゃは、果たしてちびっ子たちを本当に楽しませているのでしょうか？　実は過剰なおもちゃ、あるいは年齢にふさわしくないおもちゃは、むしろよくない影響を及ぼすことがあるといいます。

　あるイギリスの研究では、子どもにたくさんのおもちゃを与えると、気が散って学びや遊びが妨げられるということがわかっています[8]。おもちゃの数がすくないと、子どもたちは想像力を使って、あるものを大切にします。ですから次にレジのところで子どもがプラスチックのおもちゃを持って駄々をこねたら、本人のためになるとわかっているのできっぱりとダメだと言えますね。夜中に、うっかり踏んでしまったときにものすごく痛いからではなく！

　では、どういうおもちゃを買うべきなのでしょう？　ここでもラーゴムに、バランスをとります。たしかに子どもには遊ぶためのおもちゃや道具が必要ですが、私たちと過ごす時間や、友達と遊ぶ時間、それにひとりでいる時間も必要です。

ちょうどいいおもちゃを選ぶ方法

　おもちゃを選ぶときには、買って！と呼びかけてくるような派手な仕掛けのあるものに目が行きがちです。でも、定番のおもちゃのほうが長く楽しめるものが多く、子どもたちの想像力も養えます。たとえばレゴや積み木、鉄道の模型やほかの組み立て式のおもちゃなどは、創造的な考え方を促しますし、運動能力や問題解決能力、言語スキルや空間認識能力を育みます[9]。また、想像力を刺激する子ども用テントや人形の家、鉄道模型、おもちゃの台所、ぬいぐるみなどは、社会的学習を促し、コミュニケーション能力、認識能力、身体能力を伸ばすのに役立ちます。

　いつの時代も色あせないものを選ぶことを考えてみましょう。そうすれば何年でも楽しめますし、次の世代にも残せます！

おもちゃを選ぶときに見るべき5つの点

＋使いみちが複数ある。
＋探究心を刺激する。
＋想像力を促す。
＋子どもの年齢が上がっても使える。
＋過剰に楽しませることをしない。（例：光る、音が鳴る、音楽を奏でるなど）

おめかしボックス

　子どもたちが"おめかしボックス"から選んだものを着て、よちよち歩きまわっているのを見るのは、とても楽しいものです。きらびやかな民族衣装（うちでのお気に入りはスペインのフラメンコ用ドレスです）や、自分のワードローブで不要になったもの（買ったまま袖を通していない服のいい使いみちになります）、古い帽子、イミテーションのアクセサリー、リサイクル・ショップで買った奇抜なサングラスなどが、私がこのボックスに入れているものです。いらない毛皮の襟巻きも、さまになります！

伝統的な手芸

　ファルモール（子どもたちの父方の祖母）が遊びに来ると、娘たちは伝統的な手芸を教えてもらいます。幼いころから指編み、かぎ針編み、裁縫などを教わってきました。自分たちでお人形の服をデザインし、小さな手でつくったお気に入りのバッグを持ち歩いてきました。

　こうした手芸をすることで、手先を動かす能力が高まるだけではなく、集中力や想像力も身につきます。しかも、新しいものを仕上げるたびに、心からうれしそうに誇らしげにしています！（注：場合によっては、何日かど派手な色づかいの帽子をかぶることになるかもしれませんが……）

　のりが切れた？　工作粘土が乾いた？　大丈夫です！　ファルモールはこうしたものの代用品を、台所にある材料で手早くつくる方法を教えてくれました。うちの子どもたちはよく自分でのりをつくっていますが、いちばん人気があるのは、スウェーデンのトロールデッグ（trolldeg／塩の粘土）です。

HOW TO MAKE
トロールデッグ（trolldeg／塩の粘土）のつくり方

用意するもの

＋ふくらし粉の入っていない小麦粉　200g
＋塩　100g
＋ぬるま湯　150ml

つくり方

1．ボウルに小麦粉と塩を入れる。

2．ぬるま湯をすこしずつ足しながら混ぜ、粘土のような感触になるまで続ける。

3．生地をよくこねて、しなやかにする。

4．できた粘土で、好きなものをつくる。

5．完成品をオーブンに入れ、110℃で1時間加熱する。

6．室温でひと晩冷ます。

7．乾いたら、色を塗って作品を生き生きとさせる。

すべてを、ほどほどに

　テレビやスマートフォンを見ている時間というのは、メディアでも保護者のあいだでも注目の話題です。どのくらい？　いつ？　何を？　ということが議論されています。たしかに、画面を見る時間と場所は、考えたほうがいいでしょう。たとえば楽しみな予定のひとつとして、家族みんなでテレビを見る夜を決めておくのはどうでしょうか。子どもたちと寄り添ういい機会になりますし、スナック菓子もあれば完璧です！

フレーダスミス（Fredagsmys／くつろぎの金曜日）

　私自身、子どものころに毎週水曜日の夜7時にテレビドラマ『ダラス』を家族で見ていたのを覚えています。毎週、楽しみにしていました。番組自体をというよりは、家族でテレビを見るのが好きだったからです。世界の多くの地域では、みんなでテレビを見たりすることがどんどん減ってきているようですが、スウェーデンではいまだに人気で、専用の言葉があるくらいです。フレーダスミス（Fredagsmys／くつろぎの金曜日）です。フレーダスミスにはすこしだけ準備がいり（すなわち、電子レンジでポップコーンを加熱することです）、大きめのふかふかのソファーがあれば理想的です。週の終わりに、家族とくつろいで過ごす夜です。あとは、みんなが楽しめる番組を見つけるだけです！

フレーダスミスを成功させるコツ

＋その日の夜は予定を入れずに、携帯電話もしまっておく。

+ 簡単で、家族みんなが好きな食事を用意する。ピザやタコスなど。
+ みんなでできるアクティビティーを選ぶ。ボードゲームをする、テレビ・映画を見るなど。
+ ポップコーン、ポテトチップスといったスナック菓子を出す。

ローダースグーディス（lördagsgodis／土曜日のおやつ）

　スウェーデン人は、子どもには小さいころから、何事もほどほどに、ということを教えます。それには、おやつがいちばんではないでしょうか。毎週土曜日に、地元のスーパーマーケットの"糖分たっぷりの"通路は、子どもたちでいっぱいになります。1週間待ちに待った、ローダースグーディス（lördagsgodis／土曜日のおやつ）用のお菓子を選ぶためです。甘いお菓子を食べるのを1週間に1回に限定するのは、とても賢いやり方です。健康的ですし（全体の消費量は減ります）、楽しみに待つことで、一層特別な感じになります。棒つき飴やほかの砂糖菓子も、チョコレートも、大切に味わい尽くされます。

甘い真実！

　スウェーデンの子どもたちは週に1度の甘いものを楽しみに待ちますが、どうも親のほうには、そこまでの自制心はないようです。ロンドンに本社のある市場調査会社、ユーロモニターの最近の調査によると、スウェーデンは、世界中でひとり当たりのお菓子の消費量が多い国トップ7に入るそうです！（子どもには内緒にしておきましょう）

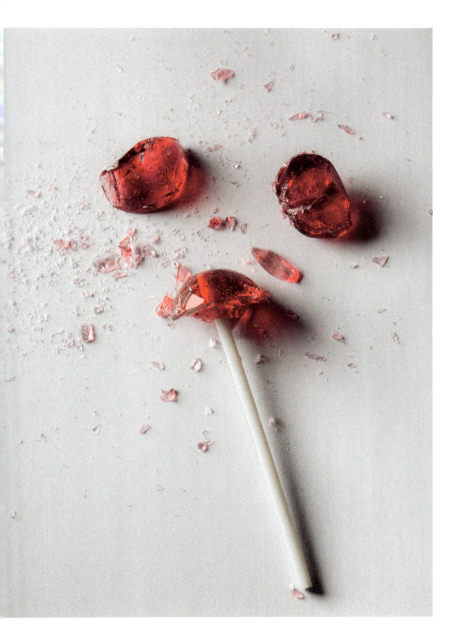

子どもと大自然

「田舎道を散歩しない？」と言っても、正直、歓声を上げる子どもはあまりいないでしょう。うちでもそう言うと、今年はサンタクロースが来ないと言われたような反応が返ってきます。それでもいったん外に出てしまえば、話は変わってきます。子どもたちは森のなかを喜んで走りまわり、木の枝や石を拾い（だいたい、大量に家に持ち帰ります）、小川を跳び越え、丘を転がりおりてきます。認めはしないもの、明らかに楽しんでいて、こうした外出は、気が散るようなものがない環境で、家族でくつろげる時間になります。

　丸1日空けるのは必ずしも簡単なことではありませんが、一大イベントにしなくてもいいのです。庭で走りまわるとか、地元の公園でいっしょに遊ぶようなちょっとしたことも、子どもや家族にとっては同じような効果があります。自然のなかで過ごすことは、子どもによい影響を与えることが多くの研究でわかっています。たとえば創造力や問題解決能力が刺激される、認知能力が高まる、栄養状態がよくなる（ガーデニングや園芸を経験した子どもは、フルーツや野菜を多く食べる傾向にあるそうです）[10]、まわりの子どもたちといい関係を築く助けになる、視力回復[11]などの効能があります。庭と近所の公園が、こんなにいいことだらけなんて知りませんでした！

子どもとアウトドアを楽しむ
10の創造的なアクティビティー

早速ブーツを引っ張り出して外に出てみようと思うものの、
何からはじめたらいいのかわからない方のために、
子どもたちが楽しめる簡単なアクティビティーを紹介します。

アルファベット順に集める。 子どもたちに、自然のなかにあるものを、名前のアルファベット順に集めてもらいます。それぞれスタートはちがう文字にしましょう。

葉っぱを集める。 葉っぱやほかの軽いものを集め、家に帰ったらコラージュにします。

名前を言う。 野草や鳥の名前を教えます。

ヒナギクの花輪をつくる。 あるいはタンポポの王冠を。

アウトドアでのサバイバル法を教える。 （例：森のなかで迷子になったらどうするか。何もないところで火を熾すには）——子どもたちは、夢中になるはずです。

手をドロドロにする。 昔ながらの泥まんじゅうをつくりましょう。

砂の城をつくる。

貝殻を拾う。

種をまく。 子どもたちにガーデニングに興味を持たせます。土いじりを喜んで手伝ってくれるようになります。

模様を写しとる。 葉っぱや木の皮に紙を当て、鉛筆などでこすります。

ナナカマドの実のネックレス

　子どもたちはネックレスやブレスレットをつくるのが大好きです。一度、近所のスウェーデン人のニーナがバースデイ・パーティーでナナカマドの実を針と糸でつなげてネックレスをつくってみせて、小さな子どもたち12人が30分はその作業に夢中になっていたのを思い出します。出来上がったら、どこかにかけて乾かしましょう。

森の学校

　もしあなたが子どもにぜひとも大自然に親しんでほしいと考えているのなら、森の学校を検討してみてはいかがでしょう。これは最近イギリスで増えている"アウトドア保育園"で、スウェーデンでは何年もまえからあるものです。1年中、アウトドアの遊びを通じて子どもたちに学んでもらおうと計画されています。木登りや外でのランチ、泥まんじゅうづくり、屋外での昼寝といったことが行われます。雪の日も雨の日も、天気のいい日も、何かしら活動します。そんなの無茶？　専門家たちは同意しかねるようです。

　イギリスの森の学校（forest school）の先駆者、サラ・ブラックウェルの長年の研究では、長期にわたる森の学校のプログラムは"社会的能力、認知能力を高めたのみならず、子どもたちの心身の健康にプラスの作用があった"[12]そうです。理想的ですよね！　私と同じようにスウェーデンに住んでいるイギリス人で、友人のサラ・ルイーズは息子が就学まえに通うのに、森の学校を選びました。「どんな天気のときも息子が外で過ごす、というのが気に入っているの。免疫力が高まるし、あり余っているエネルギーを使うでしょ！　午前中の休憩には、それぞれのアウトドア用ベッドで羽毛布団をかけて外で寝ているのよ」。どうやら、そんなに無茶なことでもないようです！

状況に合わせた服装を

　スウェーデンでは、外で子どもたちといっしょに過ごすのは天気のいい日にかぎりませんし、ほかの国でもそれは珍しいことではありません。ただ、ひとつだけちがいがあります。どんな天候のときでも、スウェーデン人は子どもに何を着せればいいのか、すっかり心得ているのです。

　スウェーデン人が、天候に合わせて子どもにちょうどいい服を着せる

のを、私は心から感心しています。スノースーツ、つなぎの雨合羽、ブーツ、スプリングハットなど、子どもたちはいつでも季節に合った服装をしています。

　私はこのことを、身をもって学びました。10月のある朝、娘を保育園に連れていくと、先生が人差し指を振って私にこう言ったのです。「あら、"アウターパンツ"がない」。私は娘が、雨用パンツと雪用パンツを持っていることを説明しました。「いえいえ」、その先生はややいらだった様子で言いました。「その中間のパンツが必要なんです」。私はどういうことなのか、友人に聞いてみました。するとその先生が言っていたのは、まさつに強い"遊び用の服"のことでした。遊び時間のまえに着ている服の上に身につけて、服を保護するものです。お父さん、お母さんに朗報です！　このシンプルで実用的な方法で、遊び場で服が濡れたり、草の染みがついたり、破れたりするのを防ぐことができるなんて、すばらしいですよね？　それに子どもたちも、どんな天気のときでも、思いきり遊ぶことができます。

天候に合った服を子どもに着せる、ラーゴムな手引き

ここでは、室内で着る服にプラスして用意したいアイテムを示しています。

20℃
+日よけ帽、ネックカバー
+日焼け止め
+サングラス
+(ビーチにいるなら)ラッシュガード
+(ビーチにいるなら) サーフシューズやウェットスーツ素材の靴など、足を保護するもの
+長袖の(あるいは肩を覆う)涼しいトップス

5—15℃ ふだんの日
+丈夫な防水パンツ
+薄手の手袋
+薄手の帽子

5―15℃で雨
+防水パンツ
+フードつきアノラック
+長靴

0℃で雪
+アウター（防風・防水のシェル）
+スキー・ソックス
+スノースーツ
+マフラーやネックウォーマー
+防水スノーブーツ

※室内で着る服へのアドバイス……肌着は、保温性・吸湿性の高い長袖とスパッツ、肌着の上に着る中間服には、熱を保持するフリースやセーターをおすすめします。とくに寒いときには、中間服を重ねて着ることもあります。

ラーゴムな学び

 小学校にあがるまえに子どもに読み書きを教える親は、びっくりするほど多いものです。イギリスでは、自然とこういう話が耳に入ってきます。「ライラは7歳なんだけど、もう高学年向けの本を読んでいるの」。ふぁあ（あくび）！　もちろん、そんなに進んでいるなんてすごいことです。でも7歳の子どもは、高学年の子のために書かれた本を読みたいものでしょうか？

 スウェーデンの子育てで気に入っていることのひとつは、競争意識を感じたり、子どもが就学まえに読み書きができることを親が誇らしげに言ったりするのを聞くことがほとんどないことです。あるとき私は、スウェーデン人の保育園の先生に子どもの発育のために家でできることがないか、聞いたことがあります。すると彼女は、こうアドバイスしてくれました。「あなた方は親でいてあげてください。先生は私たちです」。これを聞いて私はうんと気が楽になりましたし（イギリスから戻ると、焦って「書き取りの練習をさせなきゃ！」という気分になるのです）、子どもたちにもあまりプレッシャーをかけずに済みました。もし子どもたちが自分で読み書きをはじめたなら、喜んで手を貸してあげましょう。ですが、まずはありがとうと言うことや、いいお友達でいることのような大事なことから教えてあげましょう。あとのことは、学校で習えば十分です。

学校にあがるまえに子どもに教えるべき大切な3つのこと

＋いいお友達でいること
＋共有すること
＋感謝すること

"子どもには、お金持ちになるよう、
教えないように。
幸せになるよう、教えること。
そうすれば、ものの値段ではなく、
本当の価値がわかるから"

ビクトル・ユーゴー

主導権は子どもに持たせる

"ごく小さな星でも、暗闇では輝く"
スウェーデンのことわざ

　スウェーデンでは、義務教育は子どもが7歳になる年にはじまります。これはイギリスより2年遅いスタートです。それまで、子どもたちはひたすら遊びます。学校のはじまりがすこし遅すぎるように思われるかもしれませんが（もちろん、私も心配でした）、読み書きを教えはじめる年齢について、5歳と7歳の集団を比較した調査で、11歳までに読み書きの力に差はなくなったという報告もあります[13]。さらに、読み書きを遅くはじめた子どもたちのほうが、のちの読解力が高い傾向が見られました。

　私にとっては、うなずける結果です。親として娘たちを見ていると、何かをはじめるときに、自然と準備ができているのです。歩くこと、トイレトレーニング、自転車に乗ること、文字を読むこと、すべて時間をかけずに身につけました。準備ができるまえに教えようとすると、ストレスやいらだちが大きくなります。時間も長くかかり、それでもうまくいかない可能性もあります。ここはゆったりかまえて、子どものペースに合わせましょう。そのほうがみんなが満足します！

プレッシャーをやわらげる

　このゆっくりとした学習方法は、小学校のあいだ続きます。いい成績をとるというプレッシャーなしに、学ばせるのが大切です。「学ぶことに喜びを見いだす手助けをするの。ペアやグループ作業も多くて、それ

それがお互いに競争し合うという仕組みにはなっていない」とイギリス人の友人、ジョアナ・ル・プルアートは言います。彼女はケンブリッジ大学で歴史を学び、お嬢さんたちはスウェーデンの学校で学びました。

私たちは義務教育のはじまる年齢や教育哲学を変えることはできないものの、自分が子どもたちにかけているプレッシャーについて、考えてみることはできます。ラーゴムなアプローチは、子どもたちを導き、励ましつつ、まずは無条件の愛情を見せ、批判せず、その子には強みも弱さもあることを受け入れることです。そして経験豊富な大人として、子どもたちが飛び立つのを見守ります。

子どもに言うべきこと

親として、子どもの努力や成果をほめてあげたいのは、自然なことです。『The Role of Parents in Athletics（スポーツにおける親の役割）』の著者で、学生スポーツにおけるコーチングのプロであるブルース・ブラウンは、子どものパフォーマンスをよくし、楽しかったという思いを増幅させる言葉を紹介しています。「きみがプレーしているのを見るの、大好き」。彼は言います。「これは、私たちのコンセプトである『子どもを健康的な活動に解き放つ』の一部です。成功も困難も子ども本人のもので、私たちは励まして見守るものの、干渉はしないようにします」。たしかにその通り！

ピンクとブルー

ヘン(hen):ジェンダー・ニュートラルな人称代名詞。
ジェンダーがはっきりしている
フン(hon/彼)やハン(han/彼女)の代わりに使う⁽¹⁴⁾。

　ジェンダーに関する失敗を、私はスウェーデンで数々おかしています。たとえば「かわいいお嬢さんですね」と、頭のてっぺんから足先までピンク色を着た赤ちゃんを連れているお母さんに声をかけたりしていました。すると「男の子なんですよ」と、とまどったような表情で言われるのです。私だけかもしれませんが、"それらしい"服を着ていないと、赤ちゃんが男の子か女の子か、ほとんど見分けがつきません。ですが、それが肝心なところでした。つまり、ジェンダーを特定するものを取り除けば、人は先入観を持たずに相手に接するようになります。

　スウェーデンは世界でもっとも男女平等な国として知られていて、人は生まれた瞬間から平等であるべきだと考えられています。だから赤ちゃんは、ジェンダーを特定しない服やおもちゃで育てられるのが好ましいとされているのです。そして自然な興味に応じて世のなかを楽しむよう、奨励しています。性別にかかわらず子どもたちに選択の機会を与えるのには、よい面がたくさんあるように思います。もちろん、結果として人形に惹かれる女の子、自動車に惹かれる男の子はいますが、そうでない子も大勢いて、それもまたいいことです。"ピンク"か"ブルー"か、あるいはおもちゃを"男の子向け"か"女の子向け"かに分けて捉えるのを、考え直してみませんか。どんなものを好もうと、子どもには、単に子どもでいさせてあげましょう。

季節のイベントの
ラーゴムな手引き

ラーゴムの哲学がもっとも発揮されるのは、お祝いごとです。
クリスマス、イースター、そして夏至には、
予算をあまりかけずに協力しあって、
みんなでいっしょにいることを楽しみ、くつろぎます。
プレゼントを選ぶのには力を入れても、ラッピングはシンプルに。飾りつけも同じように、絶妙なバランスを保ちます。
やりすぎると趣味が悪いと見なされますし、
やらなさすぎても、フェストリッグ（festligt／パーティーらしさ）が失われるからです。

クリスマス

うちの家族は、毎年クリスマスを2回お祝いします。スウェーデンの家族と1回、ロンドンで1回です。あまりラーゴムでないのはわかっているのですが、夫も私も年に1回の家族行事を欠席する気になれず、ふたりで出したベストな結論がこれでした！　どちらの国にも、それぞれのよさがあってすばらしいものです。スウェーデンでは12月24日にお祝いをし、見事なユールボード（julbord／クリスマス・テーブル）がその主役になります。ここにはスウェーデンのごちそうがビュッフェスタイルで並べられます。酢漬けのニシン、卵、ヤンソンの誘惑（アンチョビ入りのポテトグラタン）、ミートボールなどなど、山のように。

どこの国にも伝統はあるものですが——私も七面鳥をニシンの酢漬けにすっかり取り替える気持ちにはなれません——スウェーデンの家族のイベント運びには、いつも感心させられます。パーティーは持ち寄りで、みんなが1品ずつ用意します。

　イベントに食べものや飲みものを持ち寄ったり、ほかのお手伝いをしたりするのはスウェーデンのお祝いごとでは一般的で、クリスマスのユールボードでも、夏至のイベントでもよく見かけます。仕事を分担するとホストに負担があまりかからないだけではなく、最高に楽しい時間にしようという意識をみんなが持つようになります。料理、飲みもの、子ども用の食べもの、音楽、クイズ、宝探しなどを分担して受け持つことで、全員がラーゴムなだけやることがあり、特定の人だけが多くを負担することもありません。その結果、くつろいだ雰囲気が生まれるのです。

控えめなデコレーション

　スウェーデンのクリスマス・デコレーションには、独特の落ち着きと心地よさがあり、とても懐かしい感じがします。ざっくり言うと、点滅する色とりどりのライトや、家の外壁をサンタクロースが登っているディスプレーなどは、ここでは見かけません。もし庭に大きなスノーマンのオーナメントを飾ろうものなら、どれだけ浮いてしまうか想像もしたくないほどです。ラーゴムなスタイルの飾りつけには、きらめくキャンドル、オフホワイトのやわらかい光を放つ豆電球、世代を超えて受け継がれてきた装飾品やテーブルクロス、ハンドメイドのもの、外で見つけた自然のものなどが使われます。

素朴なクリスマスツリー

　クリスマスが近づいてくると、みんなが夢中になって完璧なツリーを探し求めます。背が高すぎず、低すぎず、どっしりしすぎていなくて、バランスが悪くなく、葉はふさふさしすぎず、かといってスカスカでもないもの。ですが、もしこう言ったらどうでしょう。ツリーは完璧でないものほど、いいのだと。

　スウェーデンでは、木を自分で切り倒す人が多いので、そのとき庭にあるものを使う、というのはよくあることです。ただクリスマスツリー・ファームや地元の店で買うにしても、あまり完璧でないものを選びます。むしろ、きれいな円錐形のモミの木は避けて、レバノンスギ（デンマークでもとても人気があります）を使う人もいます。この木は質実剛健といった感じで、枝が曲がっていることも多く、いわゆる完璧なツリーにはほど遠いのですが、実に魅力的でいいところがたくさんあるのです。枝と枝のあいだに隙間があるので飾りがよく見えますし、本物のキャンドルを安心して飾ることもできます。

　完璧でないツリーを手に入れることで、クリスマスには家に素朴な飾りが増えることになります。さらにスウェーデン流に仕上げるには、オンラインで"Scandinavian Christmas tree"と検索してみると、イメージが湧くかもしれません。私が参考にしたのは、ツリーが籐カゴに入っているスタイルです。同じようなイメージに仕上げるのに、すこし時間がかかりました。コツは、幹の途中で切られているのではなく、植木鉢に植えられているツリーを買うことです。根もついていれば、なお結構。庭に植え直して、翌年もクリスマスツリーに使えますから！

自分でクリスマスツリーを切り倒す

　ここでは森が身近なので、自分の家の庭の木を切り倒したり、近くのクリスマスツリー・ファームに行ったりするのは珍しくありません。スウェーデンで暮らすようになってからは、私もスーパーマーケットの外に並んでいるもののなかから選ぶより、のこぎりを持ってツリー・ファームに出かけるほうが好きになりました。年に一度の木を切り倒す行事には、あたたかい服を重ね着して、魔法瓶にグレッグ（glögg／スパイス入りホットワイン）を入れ、ペッパーココール（pepparkakor／ジンジャービスケット）（→p.192）も持っていきます。言うまでもありませんが、1年のなかでも家族のとくにお気に入りの日です！

　クリスマスツリー・ファームはスウェーデン以外でも人気が高まっているので、お住まいの地域にないか探してみてはいかがでしょうか？　モミの木の香りと達成感は、何ものにも代えがたいものです。そしてファームを選べば、環境に影響のないものを選ぶことができます。

> ## リビングルーム以外にも！
>
> クリスマスツリーはリビングルームの隅に置くもの、と私たちは思いがちです。ですがスウェーデンに移り住んでからは、ほかにも小さなツリーを家のなかのさまざまな場所に置く習慣を知りました。ベッドルーム（目が覚めると癒やされます！）、コーヒー・テーブル、窓辺、それに階段など、それこそどこに置いてもかまいません。うちの子どもたちはそれぞれ自分の部屋にミニ・ツリーを置くのが好きで、飾りも自分でつくっています（実に個性豊かです！）。また玄関の両脇に置くと、人をあたたかく迎え入れる雰囲気になります。凝った飾りはいりません。自然のままにしておくか、暗い隅に置くなら、シンプルな白い豆電球をつけて、その場所をあかるく照らしましょう。

本物のクリスマスツリー・キャンドル

豆電球が出まわるまえは、本物のキャンドル以外の選択肢はありませんでした。そして最近また、昔にならって本物のキャンドルを使う人が増えてきています。昨年のクリスマスに、うちでも初めて、蝋でできた本物のキャンドルをツリーに飾ってみたところ、魔法のようにきれいでした。火を灯すのは一度につき30分間程度ですので、ちょっとしたイベントになり、家族みんなが集まるようになります。さらに必ず誰かがそばについていなくてはならないため、すわってでも立ってでもほぼ30分間キャンドルの灯ったツリーを眺めていることになります。火を吹き消すまえのこの時間は、意外なほど心が落ち着くものです。そして何より、木の枝と枝の隙間にキャンドルのやわらかな光が灯る様子は、とても美しい光景です。心からおすすめします！　ただ、安全にだけは

気をつけてください。油断せず、ツリーのそばには砂を入れたバケツを必ず置いておきます。キャンドルはしっかりと取りつけ、上の枝からは十分に距離をとるようにして、火がついているあいだは常に誰かがそばにいるようにしましょう。

ヴィンテージ・デコレーション

　スウェーデンでは、フラッグ・ガーランド［訳注：旗をつなげた飾り］や木やブリキ、ガラスでできた小さな飾りが親から子へと受け継がれていくのは珍しくありません。クリスマスの時期が近づいてきたら近所のフリーマーケットをのぞいてみて、古いものに新たな命を吹きこんではいかがでしょう？　揃っていないほど、いいのです！

手芸

　スウェーデン人は、大きな祝日のまえに、ピスラール（pysslar／創造力を発揮する）に励みます。だいたい準備のために１日空けておいて、家族で飾りつけをしたりお菓子を焼いたりします。ユールピスラール（julpysslar／クリスマス用のものづくり）には、ジンジャーブレッドの家（→p.193）、キャンドルリース（→p.190）、ツリーに飾る紙のお星様などがあります。そして完成品は、うまくできなくたってかまいません。むしろ素朴なほうが、味わいがあります。みんなでいっしょに作業をするのが、楽しいのです。

自然な手づくりの飾り

　スウェーデン人は、松ぼっくり、ヒイラギ、ツゲの木、どんぐりなど、季節のものを自然のなかから採ってきてオーナメントやリースの材料にしたり、家のなかのあちこちに置いてアクセントにしたりします。伝統的にはクリスマスのデコレーションは降臨節［訳注：クリスマスまえの約4週間］の初日からはじめますが、そのかなりまえから玄関のドアにはリースがさりげなく飾られ、訪れる人をあたたかく歓迎します。手づくりの飾りはシンプルにして、木の葉の形や切りたての枝の香りそのものを楽しむようにします。

自然からインスピレーションを得た
簡単なクリスマス飾り２つ

ホリデーの雰囲気を出すには、ドアの外か窓のところに手づくりのリースを飾りましょう。凝ったものにする必要はなく、むしろシンプルなほうが素敵ですし、親しみやすいものです。

キャンドルつきリース

　窓辺の１本のキャンドルのゆらめきは、どんな暗い日をもあかるくしてくれます。シンプルなキャンドルつきリースは比較的簡単につくれて、窓辺にぶらさげるときれいです。出来上がったら、キャンドルに火を灯して暗がりできらめくのを眺めてみましょう。

用意するもの

+ ユーカリを１束（ほかにもヒイラギ、トウヒなど、その時期に手に入る葉物なら何でも／15cmくらいの枝を12本くらいとれる量）
+ 緑色のガーデンワイヤー
+ ワイヤーカッター
+ 丸いメタルフレーム（あるいは針金ハンガーを丸く曲げたものでも！）。直径約35cmくらい。大きさは使うキャンドルに合わせてお好みで
+ つり下げるための革か麻のひも
+ クリップ式のキャンドルホルダー
+ 小さなキャンドル

つくり方

1. ユーカリの枝を３本とり、ガーデンワイヤーでまとめる。

２．ガーデンワイヤーを使い、まとめた枝をメタルフレームに固定する。

３．枝をまとめたものを、もうひとつつくり、同じように取りつける。このとき、ガーデンワイヤーが見えなくなるように、すでに取りつけた枝の先端（A）と、これから取りつける枝の根元（B）を重ねること。さらに、AとBをガーデンワイヤーを使って固定する。

４．同じ作業を繰り返し、円の下半分をカバーする。

５．リースをつり下げる位置を確認して長さをはかり、革か麻のひもを円の上の真んなかに、結び目が目立たないように取りつける。余分なひもは切る。

６．葉っぱでカバーされているリースの下半分の真んなかにクリップ式キャンドルホルダーを取りつける。窓辺につるして、きらめくのを眺めましょう！

氷のティーライト・ホルダー

氷のティーライト［訳注：アルミカップに入っている、小さな円柱型のキャンドル］・ホルダーは、小道を照らしたり、戸口まえの上がり段をキラキラさせたりするのに、可愛いものです。つくるには、まずボウルか植木鉢に半分まで水を入れます。そして水にグリーンの葉っぱをひとつかみほど入れましょう。ひとまわり小さいボウルを用意し、先ほどのボウルのなかに入れます（このとき、小さいほうのボウルが底についていないことを確認します）。気温が０℃以下なら外に出しておきますが、そうでなければ冷凍庫に入れます。水が凍るまで待ちましょう（時間は水の量にもよりますが、ひと晩置けば確実です）。固まったら、ボウルを両方とも慎重に取りはずします。出来上がった器にティーライトを入れて、暗がりを照らす様子を楽しみましょう。

ペッパーココール（pepparkakor／ジンジャービスケット）

"ジンジャービスケットを食べると、人は優しくなる"
スウェーデンのことわざ

　ペッパーココールは、スウェーデンのクリスマスには欠かせないものです。これは、14世紀から食べられている薄いジンジャービスケットで、シナモン、ジンジャー、クローブの風味もします。治癒力があると言い伝えられていて、また手の平にのせて、真んなかをそっと叩いて3つに割れると願いが叶うと言われています。手づくりの場合もありますが、市販のものを買うことのほうが多く、そのままか、チーズといちじくのジャムをのせ、熱々のホット・ココアかグレッグ（glögg／スウェーデンのスパイス入りホットワイン）といっしょにいただきます（私も大好きです）。

　子どもたちに、ペッパーココールをクッキー型で色々な形にくり抜いてもらうお手伝いをしてもらうのもいいでしょう。白いアイシングで飾っても、そのままにしておいても。もっと楽しむなら、穴があいているペッパーココールを買って、クリスマスツリーやキッチンに飾ったり、名前をデコレーションして、食べられる甘い名札をつくり、プレゼントのラッピングの仕上げにつけたりするのもおすすめです。

ジンジャーブレッドハウス

すこしレベルを上げて、ジンジャーブレッドハウス（ジンジャービスケットで組み立てた家）をつくってみませんか？ マシュマロ入りココアといっしょに食べるミニチュアのお菓子の家でも、もうすこし凝ったものでも、あなたの想像にまかせてつくってみましょう。うまくいかなかったとしても、食べてしまえば誰にも気づかれません。失うものはないですよね？

イースター

　ほかの祝日同様、ポスク（påsk／イースター）まえのスウェーデンの家は、活気に満ちています。屋根裏部屋からイースターの飾りを出し、玄関まえの植木には羽を結びつけ、小さな卵を庭の木の枝にぶら下げたり、家のなかの目につくところに置いたりします。さらに家族でポスクピスラール（påskpysslar／イースターの手芸）の日を決めておくこともよくあります。子どもたちが近所にお菓子をもらいに行くときに着るポスクシャーリンガール（påskkärringar／小さなイースターの魔女）の衣装や、お菓子を入れるバスケットに一手間加えるためです（手づくり感を出したいのです）。魔女に扮する部分はほかの国で真似したら、びっくりされてしまいますよね！　ただスウェーデンの伝統で取り入れやすいものもあります。

卵を染める

　イースターに卵を染めるのは、みんな大好きですよね？　ほとんどの場合、難しいことはありません。卵を固茹でにして食用の染料につけ、ボウルにいくつか盛れば、あっという間にイースターらしくなります！　さらにエッグストラな工夫を、という場合は身のまわりにあるものから染料をつくってみてはいかがでしょうか。食べものであれこれ実験をしてみたり、オンラインのレシピを参考にしたりして、独自の色をつくってみましょう。

卵転がし

うちの子どもたちは、毎年スウェーデンの祖父母の家でこのゲームを楽しんでいます（しかも、大人も楽しんでいて、私も夫もかなりむきになります！）。このゲームには色々なバージョンがありますが、うちでは卵を1ダース固茹でにして丘の上に登り、下に向かって転がします。卵がいちばん遠くまで行った人が勝ちです（卵が壊れてしまうまで続けてもいいですし、そうなるまえに食べてしまうこともあります）。

エッグピックニング（äggpickning／卵の戦い）

エッグピックニングはイースターの伝統的なゲームで、ふたりか、それ以上の人数で行います。まず参加者は、着色した自分オリジナルの固茹で卵を用意します。1対1で対戦し、お互いの卵の先を突き合わせて、相手の卵を割ったほうが勝ち！　もし人数が3人以上なら、トーナメント方式で優勝者を決めます。

イースター・テーブル・デコレーション

スウェーデン人のなかにはイースターの雰囲気を家で味わうために、かなり工夫する人もいます。ひよこと卵で飾られているカーテンを見たことさえあります！　ですが全体としてはあまり手間をかけずに楽しめるというのがポイントで、それはあまり難しいことではありません。

夏至

　私が最初にスウェーデンに行ったのは、9歳のときでした。そして私のいちばん古い記憶のひとつは野の花の冠を髪に飾ってメイポール［訳注：花やリボンで飾った高い柱］のまわりを踊っていたというものです。そうとは知らず、私はスウェーデンの年間行事のなかで最大のもののひとつに参加していたのです。夏至です。スウェーデン人は合理的なので、夏至のお祝いは暦上の日付にこだわらず、6月19日から25日のあいだの金曜日と決めています。伝統的に夏至は自然崇拝と結びついていて、野の花を集めるのは、1年の残りを健康に過ごせるように自然の力をいただくという意味合いがあります。

　今日（こんにち）では、地域の住民が集まって大きなメイポールをつくり、野の花を飾ります。花冠をかぶった少女たち、少年たちに大人もみんなでメイポールのまわりを、スモー・グロードルナ（Små Grodorna／『小さなカエルたち』）などの曲に合わせて踊り、あたたかい気候と日の長さを祝います。お祭りのあとは、みんなでニシン、ポテト、イチゴなどをいただきます。このイベントはシンプルで素朴なところがよく、年間行事のなかでもとくに私はお気に入りです。プレゼントもなければ、お祭り騒ぎもないのですが、あらゆる世代の人が集まってたっぷりとした日の光のもとで楽しむ穏やかな時間です。

夏至を楽しむ手引き

　スウェーデン流の夏至の祝い方を挙げます。でも、メイポールはなくたっていいですし、太陽のあたたかさをまわりの人たちと祝福できれば、それでいいのです。

＋友達や家族を夏至の集まりに招待しましょう。

＋自前のメイポールをつくり（つくり方はユーチューブにたくさんアップされています！）、葉っぱと野の花で飾ります。

＋花冠をいっしょにつくり、女の子たちにかぶせてあげます。（→p.198）

＋音楽をかけ、メイポールのまわりで踊ります。（ときどきカエルのように飛び跳ねます！）

＋屋外の食事を楽しみ、ニシン、ポテト、イチゴをビールやシュナップスといただきます。（悪天候に備え、テントやブランケットを準備しておくといいかもしれません。夏至の伝統です！）

＋歌詞カードを用意し、楽しい短い歌を食事の合間にみんなで歌いましょう。

HOW TO MAKE
花冠のつくり方

用意するもの

＋ガーデンワイヤー
＋ワイヤーカッター
＋巻き尺
＋緑の葉
＋野の花各種。茎は8cmの長さに切る

つくり方

1．ガーデンワイヤーで円をつくり、両端はそのままにしておく。

2．頭の大きさをはかり、円の大きさをどのくらいにすべきかを決め、ワイヤーカッターで余分なガーデンワイヤーを切る。

3．円の両端を結び、尖った部分がないようにする。

4．緑の葉を円に巻きつけ、ガーデンワイヤーで固定する。

5．野の花もつけ足し、ガーデンワイヤーで固定する。

6．花の茎と、次にのせる花とが重なるように巻いていき、円全体を飾る。

夏至のロマンス

　スウェーデンの言い伝えでは、独身女性が7種類の花を夏至の夜に枕の下に敷いて寝ると、将来、結婚する男性の夢を見るとか。

ラーゴムなゲストになる！

　お祝いごとに招かれたらスウェーデン人を参考にして、ラーゴムなゲストを目指してみませんか？　イベントで何かお手伝いできることはないか申し出る、時間通りに到着する、よく考えて選んだプレゼントを持参する、ということをすれば、ホストも喜んでくれて素敵な時間が過ごせるでしょう。

ラーゴムなギフト

　夫はいつでも私が選ぶディナー・パーティー用の手土産にブレーキをかけようとし、ふたつ以上持っていこうとしようものなら、軽くパニックに陥ります。何年もスウェーデンでのギフトのやりとりを見てきて、いまでは私もやりすぎないことがとても大切だということを学びました。受け取る側も、ほかのゲストたちもきまり悪い思いをしてしまうからです。逆に、少なすぎるのも（あるいは手ぶらも）よくありません。つまり、プレゼントはその場にちょうどいいものにすべきなのです。ゲストは、ちょっとした気遣いをこめたギフトを持ってきてくれることが多く、私もそれがいちばん喜ばれるのだということがわかってきました。ひと工夫する時間をかけて、あなただけのために考えてつくってくれた、この世にふたつとないものですから！

友達に喜ばれる手づくりギフト3つ

＋季節のハーブのブーケ：庭のハーブを選んで摘み、シンプルな茶色いひもでまとめ、水を入れたジャムの空き瓶に差します。メモにハーブの種類と、根が出てきたら庭に植えられることを書いて添えましょう。夏の日のタイム、ローズマリー、ミントの香りは、心地よいものです。

+ **瓶入りケーキ：**友達に美味しいものを届けましょう！　ブラウニー、あるいはほかのケーキの材料を層にして瓶に詰め、プレゼント用のタグにレシピを書いておきます。そうすれば友達は、いつでも思い立ったときにつくることができます。

+ **種をまく：**シンプルなテラコッタの植木鉢に種をまき、育て方を書いたメモを添えます。友達は芽が出て育っていくのを楽しむことができ、もし食べられるものなら、収穫してランチにいただくこともできます。

自然のままのギフト・ラッピング

　お祝いごとに友達を招くと、みんな美しくラッピングされたギフトを持ってきてくれます。スウェーデン人のプレゼント包装の特徴は、仰々しいリボンや過剰なラッピング用紙を控え、ハトロン紙や白い紙（新聞も）を使い、シンプルなひもか伝統的な白と黒のより糸を結ぶことです。これだと、ありふれてしまうかというと、それはちがいます！　庭の繊細な花を添えることで、誰かの誕生日に彩りと素敵な香りが追加されます。あるいはクリスマスであれば、シナモンスティックや小さな松ぼっくりが、立派に高価なリボンの代わりをつとめます。

自分でギフト・ラッピングをデザインする

　もうすこし手を加えるなら、ラッピング用紙を白か金色のシールでデコレーションしてみてはいかがでしょうか。あるいは昔ながらの芋ばんで、独自の模様やマークを押してみましょう！

ラーゴムなカード／ギフトラベル

　スウェーデン人はカード・ショップで何時間も過ごしたりしません。私たちイギリス人のようには、カードをやりとりしないのです。スウェーデンのカードはだいたいがポストカードか、あるいは荷札です。イギリス人の私には、なかなか馴染みがたいスタイルです。それでも、子どもたちが誕生会に毎週のように参加し、友人たちが歳を重ねるのを祝う機会が多いなか、私はカード・ショップを利用しないことでどれだけの時間とお金を節約したかわかりません。

　もし友達の誕生会に遅れそうで、カードを買う余裕がなさそうなら、ぜひスウェーデン流に荷札（白か無彩色がいいでしょう）をプレゼントにつけてみましょう。絵を描いたり、シールを貼ったり、スタンプを押すだけで個性が出せます。そして時間をとって心のこもったメッセージを書きます。

お泊りする？

　スウェーデンでは友人や親戚を訪ねるときには、自分の寝具を持っていく申し出をするのが慣例になっています。とくに夏の別荘では、リネンが足りないかもしれません（あるいはあなたが帰ったあとの洗濯が大変かも）。お泊りをするときには、自分の寝具を持参してはいかがでしょう？　あなたの負担はほとんどなく、ホスト側の負担はだいぶ減ると思います。到着までにベッドメイキングに時間をかけ、あなたが発ったあと、洗濯に追われることもなくなります。やることが俄然少なくて済みます！

03
社会との関わりとラーゴム

ラーゴムな
コミュニティー意識を持つ

ラーゴムには利他的なところがあり、
それはヴァイキングの時代から続いている精神です。
当時はそれぞれがミード（蜂蜜酒）をすこしずつ飲むことで、
全員にいきわたるよう気を配っていました。
今日(こんにち)では、誰もが取り残されないような、
より公平な社会に向けて働きかけることが考えられます。
ボランティア活動をしたり、寄付をしたり、まわりの人に優
しく接するように心がけたりといったことを、
多くの人が意識することで、
より心地いいコミュニティーを育むことができます。

まわりの人のことを考える

　日々、山のようなメールや、子どもの世話、ジム通い、食事会などで手いっぱいの私たちは、自分だけの狭い世界にしか目が行かなくなりがちです。自分の抱えている問題のことで頭がいっぱいで、まわりの人たちもそれぞれに大変な思いをしていることまで気がまわらないことがあります。スウェーデンのことわざで "幸せになりたければ、他人を幸せにすることを学ばなければならない" というものがあります。実に含蓄のある言葉です。ハーバード・ビジネス・スクールの研究[1]の結果、まわりの人に手を貸すことが、実際に人々の満足度を上げることがわかっています（おそらく自分がくよくよと思い悩んでいたことが、たいしたことではないと気づくからでしょう！）。

困っている人々に手を差し伸べる

　私の印象では、スウェーデン人は一般にシャイで、公の場ではとくにその傾向があるように思います。知らない人に微笑みかけられることはあまりありませんし（大都市ではとくに）、街なかでも知らない者同士が言葉を交わすこともほとんどありません。ですが一見クールな印象とは裏腹に、スウェーデン人は実にあたたかく、善意に満ちています。

　たとえば、スウェーデンは難民に対してヨーロッパでもっとも寛大な国として知られています。ミーグラフンスヴェルケット（Migrationsverket／スウェーデンの移民庁）によると、2015年には16万3000人がスウェーデンへの亡命を求めてきたそうです。ワシントンD.C.を拠点とするピュー・リサーチ・センターの難民受け入れに対する意識調査からの報告書によると、スウェーデンはヨーロッパのなかでもっとも難民の受け入れに対してポジティブでした。実に62パーセントの人が難民の労働力と素質は、国力に貢献すると答えています[2]。

　こうした広い心や、思いやり、困っている人の役に立ちたいという意欲を持つスウェーデン人は、入国してくる人たちを皆でサポートしています。私自身、マルメ駅で、難民をあたたかく迎え入れようと彼らの乗った列車の到着を待つボランティアの人たちを、見たことがあります。さらに多くの人たちが衣類や食料を寄付し、あるいは自らの時間を割き、彼らがスウェーデンに落ち着く手助けをしています。

　住まいやサポートを必要としている人たちが、世のなかには大勢います。私たちもこの姿勢を見習って、それぞれのコミュニティーで何か行動を起こすことができるのではないでしょうか。たとえばボランティア・グループを探して、数時間でも自分にできることはないか検討してみることからはじめてみませんか。

"私は毎月、最近スウェーデンに亡命してきた家族と家族ぐるみで会っています。家族も私も、他者への理解が深まり、これまでよりも広い心でものごとを捉えられるようになりました。みんな同じなんだ、ということに気づいたのです。誰もが、子どもたちにはできるだけのことをしてあげたいと思っています。ただそのために、人によっては多くの犠牲を払わなくてはならないのです"

マーリン・ニールベリ

コンピス・スヴァリゲのボランティア

(Kompis Sverige／人種問題に取り組んでいるスウェーデンの非営利組織)

ボランティアになりましょう

　誰もが、ボランティア活動をして社会に貢献するのはすばらしいことだとわかっていますが、ついそのことは頭の片隅に追いやったまま、ということが少なくありません――いつかやりたいことリストに紛れこんだままになりがちです。よくある誤解は、ボランティアに参加するには、まとまった時間が必要なのでは、というものです。ですがボランティア活動にはさまざまなものがあり、それほど時間をとらないものもあります。何より、行動することで誇らしい気持ちになれますし、掲げられている大きな目標に向けて貴重な貢献ができます。種まきをするときです！

コミュニティーに貢献する、5つの素敵な方法

老人ホームに、何か手伝えることはないか尋ねる。 1週間に1時間、高齢者の話し相手になることを申し出るのはとても喜ばれますし、あなたもきっと多くを学ぶことでしょう。

子どものスポーツクラブの手伝いをする。 グラウンドで練習に協力したり、ハーフ・タイムにホットドッグを焼いてクラブの運営費の手助けをしたりするなど。

地元の図書館のサポート・グループに登録する。 ほかの国から来た人に、あなたの母国語を教える仕事などがあるかもしれません。

とくに興味のあるチャリティーが、近くにないか探してみる。 何ができるか、問い合わせましょう。

役所に連絡し、地域のボランティアの機会について尋ねる。 興味を持てるものがあるかもしれません。

さりげない思いやりを

ラーゴムなことはすべてそうですが、心地よさを広めるのにも、大々的なことは必要ありません。ときに、ごくふつうに思える行為が、おおいに感謝されたり最高の笑顔をもたらしたりします。

次女が生まれたとき、あるスウェーデン人の友人が、玄関まで家族分の食事を持ってきてくれ、立てこんでいるでしょうから、と家にはあがらずに帰っていきました。別の友人は、私が足を怪我したときに、忙しい合間をぬって、お茶を入れるために家に寄ってくれました――それも、毎日です！　大変だった時期において、こうしたシンプルで思いやりのある行動に、私はどれほど元気づけられたことでしょう。

もちろん、いまでもあなたはとても気遣いのある人でしょう。でも、ほかの人を思いやることをあらためて考えてみるのは素敵なことです。まったく予期していないときに思いがけず親切にされると、人は心を動かされます。

三輪車の贈りもの

去年、娘が自分の三輪車を家のまえに置き、メモを残しました。"さんりんしゃには、もうのらなくなりました。どうぞつかってください"。その日のうちに三輪車はなくなり、代わりにバナナが一房と、メモが置いてありました。"アリス、どうもありがとう。おかげでちいさな女の子がひとり、とても喜んでいます。バナナ、好きだといいけど！"。このささやかなやりとりを思い出すと、いまでも思わず微笑んでしまいます。

さりげなく思いやりを示す
5つの行動

今日はうれしいことがあった、と誰かに思ってもらえたらいいですよね。
アイデアをいくつかご紹介します。

思いやりのあるメモを残す。 図書館の本に、次の読者のためのメッセージを挟んでみましょう。

褒め言葉を口にする。 1日に10回、心から伝えましょう。

感謝のメモを書く。 警察官、消防隊員、看護師など人々を助ける仕事にねぎらいの言葉をかける。

何年もご無沙汰している友人や親戚に、**ペンで手紙を書く。**

傘を余分に持って出かけ、雨が降り出したら友人にわたしてあげる。

> "小さなことを、大きな愛をこめて行いましょう。
> 大切なのは、どれだけのことをしたかではなく、どれだけ愛をこめたかです"
>
> マザー・テレサ

自然を尊重する
ラーゴムな手引き

地表は、急速に破壊されつつあります。
たとえば都市化、採掘、森林採伐、埋め立てなどが、
私たちの健康と野生生物の存続を脅かしています。
私たち人間の行動が、地球や生けるものに害を成し、絶滅に
まで追いこんでいるケースもあるのは、悲しいことです。

鳥や蜂（birds and the bees）を呼びこむ

　いえいえ、その"birds and the bees"ではありません（それならp.144で見てきました）［訳注：birds and the beesには性教育の基礎知識の意味もある］。ここでは、大きなものから小さなものまで、この地球上に共存しているあらゆる生物の話をしたいと思います。人間は人間だけでは生きていけません。ほかの生物とともにあることが必要で、すでに多くの種が危機にさらされていることを思うと、手を差し伸べずにはいられません。もし家のまえに手つかずの土地が何エーカーもあるなら理想的ですが、そうでなくても身近にいる野生生物のためにできることはあります。生態系の維持に力を貸すことで、昆虫、ハリネズミ、鳥や野の花に安息の地をつくることに貢献できます。

"野生生物やその生息地は、自ら語ることができない。だから私たちが語り、行動しなくてはならない"
セオドア・ルーズベルト

自然のままに

　家族の別荘の庭には、義母がまったく手を入れない芝地が何か所かあります。きれいに手入れされた芝に慣れている私は、"ぼうぼう"な状態が気になって何度か芝刈りを申し出たことがあります（丁重に断られました）。実は、これには理由がありました。手を入れていない芝地では、野生生物がのびのびと生息できるため、あえてそういう場をつくっていたのです。たとえば背の高い草の茂みはミニジャングルのような感じで、花や花粉、種を育み、クモやムカデ、ガ、バッタ、さらにはハリネズミや鳥などの動物も引き寄せます。同じように不要な丸太を積み上げておくと、それは小さな生物のすみかになり、コウモリや鳥、アナグマなども寄ってきます。

　庭全体をジャングルのようにしてしまうと、近所の人たちにどうかしたのかと心配されるかもしれませんが、わずかなスペースでも野生生物のために自然のままにしておいてはいかがでしょう。夏の草原に花が咲いているのはきれいなものですし、ハリネズミを見かけるのもいいものですよね？

土地のもので多様性を

　さまざまな種類の木や草花などを植えているほうが、庭に多くの野生動物がやってきます。土着の品種を選ぶと、ある植物だけがはびこることなく、すべてがうまく育つのでおすすめです。

水場をつくる

　水を入れた容器を置いておくだけでもアマガエル、ヒキガエルなどの水生動物や、野鳥などの野生動物が、あなたの家の外に集まってきます。小鳥の水浴び場には、浅いお皿が適しています。

鳥に餌をやる

　餌をすこし置いておいて、鳥たちを喜ばせましょう。多くの種類の鳥を招き寄せるには、さまざまな方法を選び（平皿や網、あるいはp.218のシード・ケーキなど）、餌のストックは十分に用意しておきます。もしかしたら、バード・ウォッチングを楽しむようになるかもしれませんね——そして気づいたら、双眼鏡を手に森のなかを歩きまわっているかも！

HOW TO MAKE
DIYで冬場の給餌装置をつくる

　冬には自然界に餌が減るので、鳥はシード・ケーキに喜んで集まります。簡単な材料でつくれるので、気温が氷点下になったら、手づくりのシード・ケーキを枝にぶら下げておきましょう。あっという間に、さまざまな鳥があなたの庭にやってくるようになります！

用意するもの

＋ラード　200g
＋鳥の餌（バード・シード）　400g
＋編み棒など、先の尖ったもの
＋ひも

つくり方

1. ラードを室内に１時間程度おき、常温に戻してやわらかくする（溶けない程度に）。

2. やわらかくなったら、ラードを小さく切り分け（クルミ程度の大きさに）、ボウルに入れるか清潔な板の上に置くかする。すこしずつ鳥の餌を混ぜこんでいき、鳥の餌がぎっしりと詰まった状態にする。手は汚れても、手で混ぜたほうがうまくいく。

3. よくこね、つぶれたテニスボール程度の大きさで丸くする（約6個できる）。

4. 冷蔵庫に入れ、一晩おいて固める。シード・ケーキの出来上がり！

5. 冷蔵庫から取り出し、編み棒のような尖ったものでシード・ケーキに穴をあける。

6. 穴にひもを通し、シード・ケーキを木の枝か、フックにぶら下げる――あとは鳥がごちそうを楽しむ様子を眺めるだけです！

> 鳥は餌がそこにあるものと期待するようになるかもしれませんので、定期的に補充するようにしましょう！

虫のホテル

　人口の増加に合わせ、市街地が拡大していき、多くの虫は住む場所を奪われています。スウェーデンの街、モルンダールでは、虫たちの住宅不足に対策を講じました。広大な虫のホテルをつくり、蝶、野生のミツバチなどの虫たちが集まるようにしたのです。ついでに鳥もやってきます。

　いくら生きものが好きでも家の庭が広くなければ、日光浴をしながらプロセッコ［訳注：イタリア産、白のスパークリングワイン］を楽しむスペースをとっておきたいと思うでしょう。ですが、小さな虫のホテルをつくることを検討してみませんか？　あらゆる形や大きさの虫は、ほかの生物をも引き寄せます。夜のエンターテインメントにもなるかもしれません――思いがけないものがやってくるかもしれませんから！

ミツバチを救う手助けを！

　工業型農業、寄生生物、気候の変動が原因で、1990年代以降、ミツバチの数は急速に減っています。私たちみんなが、この黒と黄色の友人の心配をしなくてはなりません。スウェーデンの養蜂協会によると、ヨーロッパで育っている木や植物の76パーセントが受粉など、ミツバチの働きによって成り立っているといいます。リンゴやプラム、サクランボ、モモやネクタリンのない世界を想像してみてください！

田舎で農薬が使われるようになったことで、ミツバチは都市部に移ってきました。ストックホルムでは、"ミツバチ・フレンドリーな場所" ——春から秋にかけて餌と水が豊富にある——が、ミツバチの減少に歯止めをかける一助になることを期待しています。ほかの都市では、たとえばマルメもそうですが、家の屋根の上にミツバチの巣箱が出現しています！

**ミツバチを救う手助けをする、
シンプルな方法**

養蜂家たちは世界中でミツバチの減少に対策を講じていて、私たちのサポートを必要としています。以下は、すぐにでもできることです。

＋地元のハチミツを買い、地域の養蜂家を支援する。
＋"非加熱""非加工"と表示されているものを選ぶ。
＋オーガニックなものを選ぶ。
＋p.222〜223で紹介している植物を植えることで、ミツバチ・フレンドリーな庭にする。

ミツバチの好きな花や植物

+ フルーツと野菜
ブラックベリー、キュウリ、カボチャ、イチゴ、野ニラ

+ 一年生植物
ルリヂサ、フウチョウソウ、クローバー、マリーゴールド、ケシ、ヒマワリ

＋多年生植物

キンポウゲ、クロッカス、ダリア、ジギタリス、ゼラニウム、バラ、スノードロップ

＋ハーブ

イヌハッカ、コリアンダー、ウィキョウ、ラベンダー、ミント、セージ、タイム

"自然のものをひとつ引っ張れば、それが残りの世界とつながっていることに気づく"

ジョン・ミューア

木々を守る

　スウェーデンでは、森林の一部を所有するのは、珍しいことではありません。なにせ国の50パーセントが森林で覆われていますから（それでも自然享受権(アッレマンスレッテン)によって、誰もがそこを散策したり、キノコや木の実を採取したりできます）。多くの木が生えている土地を所有することには大きな責任が伴い、スウェーデン人はそれを真摯に受けとめています。「生態系を保てるよう、森をどう守っていくのか、管理して育んでいくのか、アドバイスを受けているの」。家族ぐるみの友人で16エーカー（約6.4ha）の森林を所有しているイボンヌ・ラーソンは言います。「所有している土地の面倒をどう見るかが、気候の変動に影響するという意識を持っている」。ほかの環境問題と同じように、ここでも工業と環境を巡るまさつがあり、スウェーデン自然保護協会（SSNC）は、森を守る努力を続けています。

　もしあなたが森林の一部を所有しているなら、木を切るまえに考えてください。木は、私たちの友人です。酸素を排出して大気をきれいにし、野生生物を守り、土壌浸食を防ぎます。日差しの強い国では、日陰をつくることで家を涼しく保っています。自然のエアコンです！

住んでいる地域をきれいに保つ

　これまで見てきたように（→p.16〜18）、スウェーデン人はとてもきれい好きです。その精神は、公の場でも発揮されています。公の清掃サービスはありますが、そのことでそれぞれが自分の努力を怠ることはありません。スウェーデン人は公共の場をきれいに保つことに貢献することを、誇りに思っています。たとえば会議室を使ったあと、使用前と同じ状態に戻す、ピクニックをしたらゴミを残さない、といったことです。「スウェーデンでは、自然に誇りを持っていて、自然との強いつながりも感じている」と友人のウルリーカ・ファーストロームは言います。「特

定の場所を、来たときと同じ状態であとにするのは、他人に敬意を払うことでもあるの。自分が楽しんだのと同じように、その環境を楽しんでもらうということだから」

ゴミが野生生物や生態系に大変な害を及ぼすことは、よく知られています。スウェーデン人の環境教育者、アン・ネールルンドはこう話してくれました。「2050年までには、すべての海鳥、そして多くの魚の体内には、ゴミからくるビニールが含まれることになると予測されている」。私たちもゴミを持ち帰ることで、自然界にいる動物が苦しむことのないよう、気をつけることはできます。

さらに積極的に行動しようと思えば、地域のイベントで公園の清掃などに参加してはいかがでしょうか。家族や友人も誘って、ゴミ拾いをしましょう。

包装の無駄を減らす

環境に対する意識の高いスウェーデンでは、私が移り住んだ2004年にはすでに買いものをするとレジ袋は有料でした。その後、ほかの多くの国もあとに続き、イギリスも2015年にこれを採用しています。いまでは世界中で、再利用できる買いもの袋を持っている人を見かけるのがふつうになりました（すばらしい第一歩です）。

一方、過剰包装は依然として大きな問題となっています。2015年には、食品の梱包資材と容器がアメリカの埋め立てに使われるアイテムの45パーセントを占めました[3]。スーパーマーケットの製品は二重、三重に包装されていることが多く、使い捨てのカップでラテをテイクアウトするのも、ふつうに行われていることです。

過剰包装を減らすためにできる、シンプルなこと

＋容器を返却したり、詰め替えができたりする商品を選ぶ。
＋少量サイズを複数買うより、徳用サイズを選ぶ。
＋水筒を使う。
＋使い捨てのカップを避けるため、コーヒーショップにはマグを持参する。
＋ティーバッグを使うより、茶葉で紅茶を淹れるようにする。

リサイクル

　リサイクルは新しいことではありませんが、その大切さをいま一度考えてみてもいいと思います。ゴミを分別してリサイクルすることで、多くのものが再利用され、新たな原材料の需要が減り、私たちの海を埋め立てる廃棄物も少なくなります。スウェーデンでは、リサイクルのシステムがとてもよく機能しているので、家庭ゴミのなんと99パーセントが再利用されています。

> ### まめ知識
>
> 2010年に、スウェーデンではアルミ缶とペットボトルの88パーセントがリサイクルされました。

ゴミを再利用する

創造力を発揮して、いらなくなったものを生まれ変わらせる、あるいは近所の学校に工作の材料が必要ないか、聞いてみるのはいかがでしょう。うちの子どもが通っている学校では、ボール紙の筒、牛乳パック、アルミホイルでありとあらゆるものをつくっています（学期の終わりに作品を全部自転車に積んで帰るのは、かなり大変ですが！）。

> ### 再利用のヒント
>
> うちの子どもたちは、学校でよくガーデニングを楽しんでいます。牛乳パックの下から3分の1の部分は、意外にも立派な植木鉢になり、パプリカやトマトなどの植物がよく育ちます。簡単で、節約にもなる再利用ですよね！

ラーゴムに
省エネする

私たち人間が引き起こした急速な環境の変動に
関する報道はあとを絶ちません。
リサイクルする、意識して買いものをする、ゴミを減らすな
どのささやかな行動をとっていても、火力発電所が大気汚染
物質を吐き出しているなか、意味があるのだろうか、
と思うことがあるかもしれません。
ですがスウェーデン人の友人たちのように、自分たちの行動
が変化につながると信じればどうでしょう。
必要な分だけをとることで環境に排出される毒素のレベルを
徐々に下げていけるとしたら？
それぞれがラーゴムな生活を送るための小さな一歩を踏み出し、
みんなでどんなことを達成できるか、想像してみてください！

小さなことからはじめる

"1000マイルの道のりも、一歩から"
スウェーデンのことわざ

私はいまではウェスタン・ハーバー——マルメの小地区——を地元と呼んでいます。もともとは、ヨーロッパ住宅展示会場［訳注：2001年に開催された、環境に配慮した持続可能な住宅の展示会］の一部として開発されましたが、その後ヨーロッパで最初のカーボン・ニュートラルな地域として有名になりました。それでも、現状に満足していてはいけないということはわかっています。

持続可能な暮らしのために、家でできることがたくさんあるのには、驚かされます。なかには完全に自家発電をすすめる人もいないわけではありませんが、私たちのほとんどにとって、それは現実的ではありません。ですがラーゴムなことがすべてそうであるように、ここでも劇的に生活を変えることはありません——ほんの小さなことが、いずれ大きな変化につながります。

もとをたどる

　スウェーデンでは、風力、水力、そして太陽光発電が、使用電力の52パーセントを占めています[4]。持続可能なエネルギー使用は世界一で、化石燃料フリーな国家への道を確実に歩んでいます。そしてほかの国にも、同様の道を行くことをすすめています。

　現在、私たちは幸いにしてエネルギー供給会社を選ぶことができます。あなたも自宅の電力がどこから来ているのか確認し、場合によっては再生可能なエネルギー源を使っている会社に変更することで、大きな方向性に貢献できます。

スウェーデン・スタイルで
家をあたたかく（涼しく）保つ

"海が穏やかなときは、どんな船長でも優秀だろう"

スウェーデンのことわざ

　私の母がイギリスから冬に訪ねてくると、きまって保温性の高いパジャマを持ってきます。そして朝、暑かったと言うのです！　スウェーデン人は、外がどうなっていようとも、室内の温度が"ちょうどいい"具合になるように、細心の注意を払います。セーターを着ないでも家のなかを歩きまわれるのは、断熱材のお陰にほかなりません。（北部では）気温が−30℃まで下がることがあるので、家から熱が逃げないようにするのは、ここでは重要なことです。家がしっかりと断熱されていることで、消費エネルギー量もだいぶ変わってくる上に、外で雪が降っているときでもぬくぬくと過ごせます。

あなたの家のエネルギー利用

　イギリスの平均的な家では、暖房がエネルギー利用の42パーセントを占めます。値上がりと環境への影響を考えると、スウェーデン式に、熱を逃さないように配慮しているか（あたたかい地域では、家のなかを涼しく保っているか）を確認するのは、理にかなっているでしょう。場合によってはある程度の投資が必要になるかもしれませんが、長い目で見れば必要なことです。

　小さな一歩でも、あなたの家をエネルギー効率のいい場に変えていくのに役立ちますし、結果的に節約にもなります。

<u>重ねる</u>

　断熱材に投資する心の準備ができていないのなら、あるいはそこまでする必要のない気候の地域にお住まいなら、カーテンやブラインド、カーペットやラグを追加することで、寒さや隙間風を防ぐことができます。しかもこうしたアイテムは、さらに心地いい雰囲気を醸し出します。ラーゴムの考え方で大切なのは、ものごとを完璧にすることではなく、ちょうどいい具合に手を入れてあなたが快適に過ごせるようにすることです！

<u>着こむ</u>

　イギリスの政府機関、エネルギー・気候変動省に提出された報告によると、省エネのために家でできることのなかでいちばん効果があるのは、エアコンの設定温度を2℃下げる（20℃を18℃に）ことだそうです [5]。暖房を使いはじめる時期を1か月遅らせ（10月から11月に）、使用していない部屋の暖房器具は消すことも推奨されていました。ウールのセーターを準備しておきましょう！

室内の熱を逃さない3つの方法

+屋根裏、壁、天井、床の断熱を確認する。
+窓やドアから隙間風が入ってくるのを防ぐ。
+暖炉がある場合、ダンパーがきちんと作動しているか確認する。

「さようなら」でドアを閉める

　冬にお客様が来ると、帰りにその人たちが家の敷居を出たとたん、夫はドアを閉めます。冗談ではなく、本当です。長々と別れの挨拶をすることに慣れているイギリス人の私からすると、恥ずかしくて仕方がありません。ですが夫にとっては習慣で、室温を快適に保つのに並々ならぬ努力をしているので、挨拶をしているあいだに熱を外に逃すのは忍びないというのです。私も挨拶を省くことはせずに、ドアを開けるまえに、家のなかでお別れの挨拶を行うようになりました。こんな方法もありですよね？

新たな省エネ習慣を取り入れる

　日々忙しく生活していると、自分が何をするにもエネルギーを使いがちなことを、私たちはつい忘れてしまいます。こうした行動はわずかながら（それでも一部にはちがいありません）地球のかぎりある資源を使うことにつながっています。私は多くのスウェーデン人に、家での省エネの取り組みについて話を聞きました。するとたいてい、彼らは両親や祖父母から節約の知恵として、そうしたことを受け継いでいることがわかりました。私もいきなり暗闇のなか、手探りで生活をするのをすすめはしませんが（まあスウェーデン人なら、それでもキャンドルがあれば、なかなかいいと言うかもしれません）、いくつか簡単な習慣からはじめてみましょう。

変化を起こす

　照明は、必需品です。自分のしていることが見えますし、素敵な雰囲気をつくることもできます（→p.36〜41）。平均的な家には照明が42個あるというのもうなずけます。ですが、昔ながらの電球は犠牲を伴うものです。スウェーデン・エネルギー庁の報告書によると[6]、こうした電球は世界の電力の5分の1を占め、そのほとんどが再生不可能な資源からできています。専門家は、昔ながらの白熱電球を効率のいいLED、CFL（電球型蛍光ランプ）、あるいはハロゲン球に変えることで、使用エネルギーは25〜80パーセント減り、持ちも25倍よくなると指摘しています。

自然の光

使用電力を減らすには、スウェーデンのやり方に光を当ててみましょう。自然光を最大限に生かすのです。光が必要な作業をするための家具を窓の近くに配置し、窓ガラスもできるだけきれいに保ちます。

知ってました？

北米の家庭すべてが白熱電球をLED、CFL（電球型蛍光ランプ）、あるいはハロゲン球に変えると、大気汚染の減少は、130万台の車を道路から取り除くのに匹敵するそうです。

すぐに取り入れられる、5つの省エネ習慣

スイッチを切る。朝、慌てて家を出て、電気を消し忘れるのはよくあることです。そんなのたいしたことではない!? いいえ、それはちがいます！ 昔ながらの白熱電球の場合、エネルギーの90パーセントが熱を通じて放出され、ワット数が高いほど、多くのエネルギー（とお金も）を使うので、スイッチを切ることで省エネになります。

プラグを抜く。アメリカ合衆国エネルギー省によると、家庭の電化製品は電力の75パーセントを、使われていないときに消費しているとのことです。イギリスの全世帯が、セットトップボックス［訳注:家庭用通信端末］のスイッチを毎晩切ったら、大型発電所1か所当たりの年間発電電力量と同じくらいのエネルギーを節約できることになります。これは、800億杯の紅茶を淹れるのに匹敵します！[7]

必要なだけ、沸かす。英国紅茶協会（UK Tea and Infusions Association）によると、イギリス人は全体で1日に1億6千500万杯の紅茶を飲んでいるそうです。4人のうち3人が毎回やかんに水を入れすぎると自覚しているため、必要な分だけを沸かすことで、家庭のエネルギーに対する支払いを、年間約100億円を節約できるだろうと試算されています。[8]

染みをとる。"古きよき時代"に手洗いしていたころのほうが、服を長く着ていたような気がします。染みがついたら、その部分を濡れた布でふきとって乾かし、洗濯の回数を減らしてはいかがでしょう？ シャワーの横につるしておけば、スチームも当てられます。

乾燥機をスキップする。乾燥機の使用をやめ、外で服を乾かすことで、エネルギーを節約できます。衣類もそのほうが長持ちします。

水を節約する

　私が食器を洗ったり、歯を磨いたりするたびに、夫は水道の水をとめるためにやってきます（ええ、イラッとします！）。さらに、スウェーデンではお風呂よりもシャワーのほうが人気があることにも気がつきました。無意識なのか意識的なのか、こうした水を節約する習慣は、スウェーデン政府の水保全の取り組みとも一致しています。

　たとえばストックホルムでは、世界水週間（World Water Week）を毎年主催しています。スウェーデンには湖が10万あり、海岸線が1万1500km（島は除いて）あることを思えば、水不足ということはありません。それなら、どうして水の保全にこれほど熱心に取り組んでいるのでしょうか？　実は、地球の地表の70パーセントは水で覆われているにもかかわらず、その1パーセントしか人間の消費には適していないのです。国連の統計では、2025年までには人口の3分の2は水不足の地域に住むことになると予測されています。

　私たちはトイレを流すたびに、植物に水をやるのに、洗いものをするのに、あるいはシャワーを浴びるのに、どれだけ水を使っているのかをあまり意識していないことがほとんどです。意識的に水の使用量を減らすことで、水の処理や分配に使われているエネルギーを少なくすることができ、公害も減り、資源の保全に貢献できます。私たちひとりひとりが気をつけ、ウォーター・フットプリント［訳注：組織・地域において使用される水の総量］を考えてみるべきでしょう。

"井戸が干上がって
はじめて、人は
水の価値を理解する"

ベンジャミン・
フランクリン

ウォーター・フットプリントを減らす
8つのシンプルな方法

蛇口をしめる。歯磨きをしているときやひげを剃っているときに水をとめておくことで、1分間最大6ℓの水を節約できます（www.waterwise.org.uk）。

5分間シャワーに。平均的なお風呂で使われる水量は約300ℓですが、5分間のシャワーなら、45〜90ℓで済みます。節水効果のあるシャワーヘッドを使い、シャワーの時間を最長5分間におさえれば、使う水の量は80パーセント近く減らすことができます。

洗いものは規定の容量までためてから。洗濯機、あるいは食器洗い機は、毎回規定量ぎりぎりになってからスタートボタンを押すようにし、可能であればエコなメニューを選びます。

トイレで使う水を減らす。トイレの洗浄は、家庭の水消費量の3分の1と、いちばん大きな割合を占めているものです[9]。タンクレスにすることで、1回の洗浄ごとの水量は減り、それでも洗浄力に影響はありません。

水漏れを修理する。蛇口からぽたぽたと水漏れしていると、1日に26ℓもの水が無駄になりかねません。トイレであれば、なんと1日900ℓという数字になります。水道業者に電話を！

水を再利用する。やっぱりバスタブに浸かりたい日もあります。湯船の水を植木の水やりに使うことを検討してみてください。

流すものに気を配る。トイレやシンクに化学廃棄物や油類を流すのは避けます。化粧品や洗浄剤を環境に優しいものに変えることも検討しましょう。

まわりの人に教える。家族や友人にも、伝えましょう。子どもたちにも水の大切さ、毎日使っている水が海や湖、川とつながっていることを理解してもらえるよう、話をします。

楽しいアイデア

子どもたちに使う水の量を減らすことを教えるのに、シャワーの時間に好きな曲をかけましょう。曲が終わったら、タオルに手を伸ばす時間です！

太陽光発電の屋外シャワー

屋外のシャワーがある別荘に、私は何度も行ったことがあります。最初はどうかと思っていましたが（クモが苦手なもので）、慣れていくうちに大好きになりました。ビーチから戻ったあとの砂だらけの足を洗うのに便利ですし、青空の下でシャワーを浴びていると晴れ晴れとした気分になります（もちろん、5分以内にしています）。最近では、太陽光発電のシャワーは増えていて、入浴法のなかでは、もっともエコ・フレンドリーなもののひとつだと言われています。一言だけアドバイスを——心からリラックスするためには、目隠しになるついたてなどがあったほうがいいかもしれません！

フットプリントを
ラーゴムに減らす

"食べもの、すばらしき食べもの！"［訳注：〝Food, glorious food!〟は ライオネル・バートの作詞・作曲・脚本のミュージカル『Oliver！』の一節］
食べものは私たちが生き延びるための糧であり、またすばらしい料理を仲間と味わえば、それは魂にとってもごちそうになります。ほかの消費と同じように、食べるときにも私たちは地球に悪影響を及ぼさないように心がけることが大切です。
スウェーデン人を参考に、ときどきラッグムンク（raggmunk／ポテト・パンケーキ）などのベジタリアン・メニューを試したり、キッチンを片づけて余りものをお弁当にして会社に持っていったり、生ゴミを堆肥にしたりしてみては？
そうすることで私たちは自分のフットプリント［訳注：影響が及ぶ範囲］を減らしつつも、ハーリッグモールティード（härlig måltid／美味しい食事）を楽しめます！

エネルギー効率よく食べものを準備し、料理する方法

　キッチンが家の中心と見なされているのには、もっともな理由があります。食事の支度をし、食べて話をする場だからです。ですが同時に、家のなかで大量のエネルギーが無駄になっている場でもあります。食事の準備や料理方法をわずかに変えるだけで、エネルギーと時間の両方を節約できます——ほどなく、ゆったりと自家製のエップレパイ（äpplepaj／アップルパイ）を味わえるようになるでしょう。

> "食べるのは必要なことだが、知的に食べるのは芸術である"
>
> フランソワ・ド・ラ・ロシュフコー

キッチンで効率よくエネルギーを使う5つの方法

ちょうどいい鍋やフライパンを使う。 熱伝導のいい高品質の調理器具に投資しましょう。料理の量に合った器具を選び、熱を逃さないために蓋をするのも忘れずに。圧力鍋を使うことを検討するのもいいでしょう。調理時間が最大で70パーセント短くなるといわれています。

シンプルにする。 鍋ひとつで完成するレシピを探します。パスタを茹でているなら、水切りボウルを上にのせて、野菜を蒸すこともできます。

目的に合わせた調理器具を選ぶ。 料理の量に合った小さめの器具を選べば、調理に使うエネルギーが減ります。新しい調理器具を買うときには、省エネの表示を確認しましょう。最近の研究結果では、IHコンロは、ガスコンロに比べて32パーセント調理時間が短く、消費エネルギーは57パーセント少ないことがわかっています[10]。

オーブンは閉めておく。 サンデーロースト［訳注：イギリスで日曜日に食べる伝統的昼食。ローストビーフに野菜とグレービーソースを添える］がどんな具合か、オーブンを開けて確かめたくなりますよね？ですが、オーブンのドアを開けるたびに熱の25パーセントが外に出てしまうので、ガラスごしにのぞくだけにしたほうがよさそうです。調理用の温度計も便利です。思ったより早く、ランチにありつけるでしょう。

食器洗い機を使う。 食器洗い機を使うと、手洗いよりもエネルギーも水も効率よく使うことができます（手で食器を洗わない言い訳ではありません！）。

ラッグムンク（ポテト・パンケーキ）の
コケモモジャム添えはいかが？

　告白すると、私の大好きな食事のひとつに肉汁たっぷりのリブロースのステーキを、フルボディの赤ワインで流しこむというのがあります（よだれが……）。似たような人は大勢います。世界中で約20億人が、肉料理を中心に生活していると言われています。ですが、肉中心の食事は、野菜中心のものに比べるとエネルギー、水、土地ともに消費が多くなってしまうのです。(11)　複数の専門家が、牛肉を食べることは、カーボン・フットプリント［訳注：二酸化炭素の排出量］への影響が車の運転よりも高いと指摘しています！　ラーゴムの哲学を実践して、肉を食べるのを、週に１回に減らしてみるのはいかがでしょう？　ラッグムンク（raggmunk／ポテト・パンケーキ→p.248）のようなベジタリアン・メニューに必要な、コケモモ（スウェーデン人の好物）などの材料を買いものリストに足すことで、カーボン・フットプリントを減らすことができます。しかも、肉汁たっぷりのミディアム・レアのステーキもときに楽しめます。これならラーゴムにチャレンジできますよね？

食事でどのくらいエネルギーを消費しているの？

1人1日当たりの食事における、
二酸化炭素排出量（単位：t）

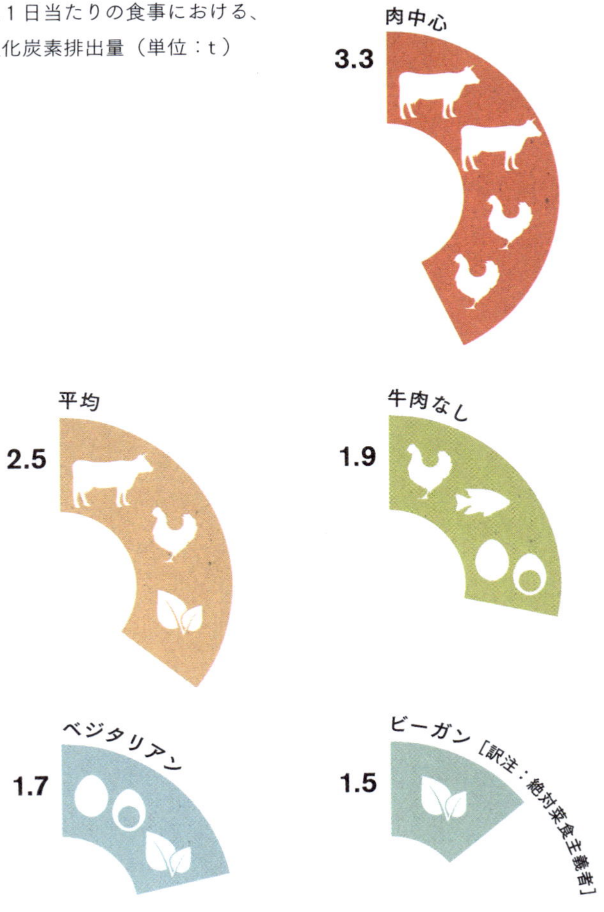

肉中心
3.3

平均
2.5

牛肉なし
1.9

ベジタリアン
1.7

ビーガン［訳注：絶対菜食主義者］
1.5

スウェーデンのラッグムンク
ポテト・パンケーキのコケモモジャム添え

スウェーデンの伝統料理、ラッグムンク（raggmunk／ポテト・パンケーキ）は手早く簡単につくれて、ベジタリアン・メニューとしても完璧です（ベーコンをつけ合わせてもよいですが）。

4人分

+ 小麦粉　200g
+ 牛乳　400ml
+ 卵　2個
+ 塩　小さじ1
+ 黒コショウ（味つけ）
+ ジャガイモ　600g（皮を剥く）
+ ニンジン　2本（皮を剥く）
+ バター　30g
+ コケモモジャム（リンゴンベリージャム）　1瓶

1. オーブンを150℃にあたためておく。

2. 小麦粉に牛乳200mlを加え、なめらかになるまで混ぜる。

3. 残りの牛乳を足し、続いて卵、塩、コショウも加えて混ぜ、なめらかな生地にする。

4. ジャガイモとニンジンを粗くおろし、生地に混ぜる。

5. フライパンにバターを溶かす。

6. 強火のまま、生地をすくってフライパンに入れる（量はどのくらいの大きさのパンケーキにしたいかによって、お好みで。うちでは、パンケーキ1枚につき大さじ2杯程度にすることが多いです）。

7. 片面につき約1分ずつ両面を焼き、こんがりとした焼き色をつける。

8. パンケーキをオーブン内のトレーに乗せて、冷めないようにする。生地がなくなるまで、同じ手順を繰り返す（フライパンの大きさによっては、一度に何枚か焼けます）。

9. パンケーキが全部焼けたら、コケモモジャムを添えて出す。コケモモジャムが見あたらなければ、サワークリームとチャイブを添えても、美味しくいただけます。

食品の無駄を減らす

　冷蔵庫の奥に、しなびたキュウリが潜んでいるのを発見したことはありませんか？　あるいは食器棚に、賞味期限がとっくに切れたトマトスープの缶詰が置いてあったことは？　お皿に残った料理をこすり落としてゴミ箱に捨てたことは？　みんなありますよね。2012年の報告書によると、スウェーデン国内で食品の廃棄物をいちばん多く出していたのは、家庭でした（スーパーマーケットやレストランを上回っていたのです）。アメリカ合衆国環境保護庁によれば、2014年にアメリカ人は3800万tの食品を捨てています。その95パーセントが埋め立てや燃焼設備にまわされ、メタン排出の増加につながっています[12]。

　こうした食品廃棄物の35パーセントは不必要なものとされていて、モートオヴファル（matavfall／食品ロス）に対して、スウェーデンでは真剣な取り組みが行われています。多くの地域では、地方自治体が環境に優しい専用のペーパーバッグを支給し、回収後はそれをバイオガスにして、市営バスの運行に役立てています。今日、スウェーデンは食品ロスを減らす取り組みの、世界的なリーダーです。

　料理が余ったり、冷蔵庫に入れておいた食品が気づいたら悪くなっていたりすることをゼロにするのは難しいですが、必ずしもゴミにすることはありません。買いものの仕方や食品保存のやり方、残りものの活用などを見直すことで、私たちも省エネに貢献でき、それは貯金を増やすことにもつながります。しなびたニンジンや何週間もまえに買ったジャガイモが埋め立てに使われないようにする方法は、たくさんあります。まずは買いものの見直しからはじめましょう！

まめ知識

　毎月、ストックホルムの街では、約1000t（ひとり当たり約1kg）の食品廃棄物を11万5000m³のガスに変え、バスやタクシーの燃料にしています。

"食べものと愛は、
分け与えるためにある。
無駄にするためではない"

作者不詳

食料品の買いものプランを立てる

あるものを食べる。新たなものを買うまえに、冷蔵庫のなかの余りを片づけましょう。

買いものに行くたびに考える。何食分を買えばよいのかを、考えます。

献立を考える。週に1、2回は残りものを使ったメニューになるようにします。

材料を書き出す。献立に必要なものだけメモしましょう。

リストをつくる。種類と量、どの料理に使うのかを書きます。すでに家にストックがないかどうかも確認します。

スーパーマーケットに着いたら、リスト通りに買いものをします。販促キャンペーンや値引きに惑わされないように。

食品は見えるように

　食料品棚や冷蔵庫にものがぎっしりと詰まっていると、なかに何が入っているのか見えにくくなります。すると買っていたのを忘れて、無駄にするということになりかねません。ラーゴムなミニマリズムを参考にして、ストックは管理できる量にとどめ、整理して何があるのかわかるようにしましょう。メイソンジャーのような透明な密閉容器を使うと、食品の鮮度が保て、中身も見えやすくなります。

適切なやり方で保存を

　冷蔵庫にものをしまうと、これで新鮮なまま長く置いておけると思いがちですが、それが当てはまらない場合もあります。たとえばバナナは、室内につり下げておいたほうが長持ちします（冷蔵庫に入れると追熟があまり進まず、そのまま腐ってしまうこともあるとか）。時間をかけて、物事をちょうどいい具合に行うのがラーゴムです。買ったアイテムひとつひとつについて、適切な保存方法を確認してみましょう。長持ちするだけでなく、美味しさも保てます！

昨日の残りものは、今日のピッティパンナ

　工夫をしてみても、どうしても残りものが出てしまうこともあります。どうすればいいでしょう？　冷めたポークチョップやしんなりとしたポテトは、まえの晩、赤ワインと食べたときほどは美味しそうに見えないものです。

　いまのようにものが豊富に手に入るわけではなかった私たちの祖先は、食料を保存したり無駄を減らしたりすることに長けていました。スウェーデンで人気のピッティパンナ（pyttipanna／フライパンのなかの小さいもの）は、もともとは残りものを寄せ集めたところから考案されたといわれています。いまではこの料理は、角切りのジャガイモ、肉片、タマネギ、余っている野菜をフライパンで炒めてつくります。冷蔵庫のなかに余っているもので、試してみてはいかがでしょう？　目玉焼きとビーツのピクルスを添えてチャイブを飾れば、昨日の残りものがスウェーデン風の一品になります。

　スモークリッグ・モルティード（Smaklig måltid／どうぞ召し上がれ）！

堆肥をつくる

あなたがどんなにやりくり上手でも、ゴミがまったく出ないということはないでしょう。私のスウェーデン人の義父は、もし庭があるなら、野菜の皮やコーヒー豆のかす、卵の殻を堆肥にすることをすすめています。埋め立ての材料ではなく、栄養たっぷりの土壌になるので、すばらしい使いみちです。

堆肥づくり入門

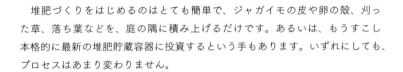

堆肥づくりをはじめるのはとても簡単で、ジャガイモの皮や卵の殻、刈った草、落ち葉などを、庭の隅に積み上げるだけです。あるいは、もうすこし本格的に最新の堆肥貯蔵容器に投資するという手もあります。いずれにしても、プロセスはあまり変わりません。

+100パーセント自然で、"生きていた"アイテムだけを使います。

+なるべく湿ったもの、乾いているもの、緑色のもの、茶色いものがすべて入るようにしましょう。

+すべてを細かく切るか刻むかして、堆肥は湿った状態にします。

+週に1回、ピッチフォークなどで混ぜて空気を含ませます。

+分解が進んだら、すぐに使えます――あなたの庭にはきれいな花が咲くでしょう！

内なる農民を引きだす

　子どものころ、私は週末をよく両親の菜園で過ごしましたが、姉たちも私もそれをとくに楽しみにしていたとは言えませんでした。それでも、いまでもはっきりと覚えていることが3つあります。何列にも並んでいたスイートピーやペポカボチャ、サヤマメの様子、夏の収穫で母のつくる美味しいグーズベリーフール［訳注：グーズベリーを甘く煮てホイップクリームを混ぜたデザート］、そして裸足でナメクジを踏んだときのことです。スウェーデン人は自分のコロニーロット（kolonilott／市民農園）をとても大事にしていて、なかには別荘のような住宅がついているものもあります。そして春先から晩秋まで（凍結を防ぐために水の供給がいつ打ち切られるかによります）、土いじりを楽しみます。みんなが専用の土地を借りる時間（あるいはお金）があるわけではありませんが、ここのところ興味深い動きが進んでいます。

　スウェーデンの都市で、自分でハーブや花、野菜を育てることに人気が集まっているのです。都市で生活している人たちは、使えるスペース（ささやかな庭、バルコニー、立体菜園など）で、地方自治体が新たな試みとして提供しているプランターを利用して、園芸を楽しんでいます。なかには、ガレージを改造して菜園にしている人も見かけます。

　広い庭があれば言うことはありませんが、あまりスペースがなくても、たとえばベランダで育てられるものはたくさんあります。植物は敷石のわずかな隙間でも育つほどです。スウェーデンの動きにならって、あなたも自分の菜園をつくってみませんか？　化学肥料を避けてカーボン・フットプリントを減らせば、環境に優しいフルーツや野菜を収穫できます。

わずかなスペースで菜園をつくる
５つの方法

立体菜園。平面にスペースがなければ、上に行くしかありません！ フェンスかドアや窓のない壁があれば、立体菜園をつくることができます。

垣根仕立ての果樹。４ｍ四方の庭で果樹園は無理？ 特別に接ぎ枝をした果樹で、横にはあまり場所を必要としないものがあります。そしてあなたがたっぷりと食べられる果実がみのります。

窓台のボックス。窓台にボックスを置き、サラダに使う葉物やハーブを育ててみてはいかがでしょう？（長靴はいりません！）

窓辺。窓辺の日当たりのいい場所を有効に使って、ハーブやトマトなど夏のサラダに欠かせない野菜を育てましょう。

室内のグローライト。家のなかが比較的暗く、屋外にスペースがなくても、植物を育てる方法はあります。グローライト［訳注：植物の成長を促進する蛍光灯］のもとで育つ種や植木を調達し、居間でくつろぎながらガーデニングも楽しみましょう。

> "土を耕すのを忘れるということは、自分自身を忘れることだ"
>
> マハトマ・ガンジー

立体菜園に取り組む

立体菜園を、難しく考えることはありません。コットン製のウォールポケット（靴が入るくらいの大きさのポケットがあるとよい）を壁にかけ、それぞれのポケットに好きなハーブを植えれば簡単です。

共有のハーブ・ガーデン／菜園

　スウェーデンのほとんどのアパートには、楽しむための庭と自転車置場、そして周辺のアウトドア・ライフがついてきます。アパートの敷地内に、小さな菜園を見かけることもよくあります。ローズマリーやタイム、ミントなどのハーブが植わっていて、住民は自由に摘んで使っていいことになっています。

　もし共有の屋外スペースを利用できるなら、共同の菜園をはじめてみてはいかがでしょう？　分担して手入れをすれば、作業もそんなに大変ではありませんし、ハーブはどんどん育つので、みんなに行きわたります。

キッチンの残りものから、都会のジャングルへ

　ジャガイモの皮のパイや、バナナの皮のスムージーにはまだ挑戦していなくて、堆肥をつくる場所もないようなら、日々の残りものを都会のオアシスに変えることを考えてみてはいかがでしょう。野菜の切れ端などをうまく育てる方法は、ユーチューブの動画でたくさん見つかります（p.262〜263でも、いくつか紹介しています）。うちでは子どもたちも私も、レタスの芯やニンニク片が、生まれ変わっていくのを見ては感激しています。とても手軽です！

キッチンの残りものから育つ、
3つの植物

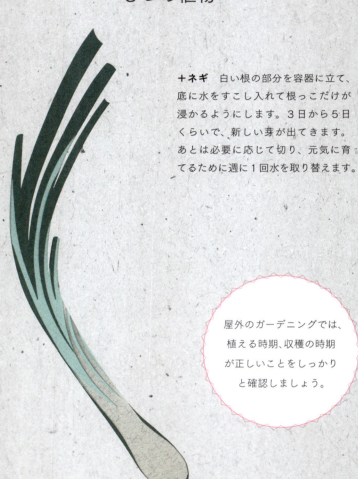

＋ネギ 白い根の部分を容器に立て、底に水をすこし入れて根っこだけが浸かるようにします。3日から5日くらいで、新しい芽が出てきます。あとは必要に応じて切り、元気に育てるために週に1回水を取り替えます。

> 屋外のガーデニングでは、植える時期、収穫の時期が正しいことをしっかりと確認しましょう。

＋ニンニク片 ニンニクを1片、大きい植木鉢に薄皮がついたまま、尖ったほうを上にして植えます（縁からは5cm以上離し、土に2.5cmは埋めるようにします）。日当たりのいいところに置き、土は湿った状態にします。1株から2本以上芽が出てきたら1本を残してあとは切ります。8か月から10か月後に葉が茶色く枯れはじめたら、ニンニクの収穫の時期です。収穫後は、食べるまえに1週間、涼しい場所で乾燥させましょう。

＋余ったレタスの芯 レタスの芯を容器に入れ、底に水をすこし足します。日当たりのよいところに置き、週に2回、霧吹きで水をやります。4日後くらいに根が伸びてきたら、土に植え替えるタイミングです。

ブラントマーク家の
エルダーフラワー・コーディアル

▽

　毎年6月になるとスウェーデンでは、エルダーフラワーが可憐な白い花を咲かせます。私は、夫の兄弟ユーアンと妻のモニカが夏至に出してくれるホームメイドのエルダーフワラー・コーディアルがとくに好きです。

約2.5ℓ分

+ 摘みたてのヨーロピアン・エルダーフラワー（セイヨウニワトコ）の花のかたまりを35〜40個（茎は取り除く）★
+ レモン　3〜4個（オーガニックが望ましい）
+ 水　1.5ℓ
+ 砂糖　1.5kg
+ 食用クエン酸　50g

1. レシピによっては、花をあらかじめ水ですすぐものもありますが、ユーアンとモニカは、そうすると風味が落ちると考えています。ただ虫が混じらないよう、花を振っておきます。

2. 大きなボウル（4ℓ入る大きさ）に花を入れる。

3. レモンを洗い、薄くスライスして（皮はつけたまま）ボウルに加える。

4. 水を鍋に入れ、沸騰させる。

5. 鍋に砂糖を加えて溶かす。

6. 鍋を火から下ろし、クエン酸を入れて混ぜる。これでシロップが完成。

7. できたシロップを、花とレモンの入ったボウルに注ぎ、必要に応じて混ぜる。

8. ボウルに蓋をするか、ラップをかけるかして冷ます。冷蔵庫か同じくらいの温度の場所に3、4日置く。

9. 漉し器か、薄い布巾で漉す。どのくらい透明にしたいかに応じてお好みで。（味は変わりません）

飲み方

5倍程度の水で薄めて（お好みで加減します）氷を入れれば、爽やかな飲みものの完成です。ほかにもフルーツ・サラダのドレッシングに、ケーキの香りづけに、アイスキャンディーに、とさまざまな使いみちがあります。お気に入りのお酒に混ぜても、夏らしい味わいになります。

保存

夏の終わりまで持たせるには、冷凍庫に入れておくのがいちばんです。冷凍庫に入れても完全には凍らないので、すくって水に入れるとすぐにとけます。

★エルダーフラワーにはさまざまな種類があり、食用には向かないものもあります。エルダーフラワー・コーディアルをつくるときには、必ずヨーロピアン・エルダーフラワー（セイヨウニワトコ）を使うようにしてください。花房は平べったく、花は黄みがかった白で、中心も白いのが特徴です。

自分で摘んだ植物は、口にしても大丈夫なものかどうか、必ず事前にくわしい人に相談しましょう。

自宅で香りづけしたシュナップス

　夫の実家では、イベントには自宅で香りづけしたシュナップス［訳注：アルコール分の強い蒸留酒］がつきものです。ヨモギにディル、ヤチヤナギ、あるいはオトギリソウの抽出液をアクアビット［訳注：スカンジナビア産の辛口蒸留酒］に入れたものは、特別な感じがして、実に美味しいものです。透明なリサイクルの瓶に愛らしい手製のラベル（使ったハーブの絵が描いてあることが多いです）がついているのも、味わいがあります。

　試してみたいと思われたら、オンライン上にさまざまなノウハウが出ています。美味しいお酒のショットを楽しみましょう！

［訳注：酒税法の規定上、市販の酒類への混和物品には規制がありますが、ハーブ類を混ぜ、私的飲料として楽しむことは許可されています。参照／https://www.nta.go.jp/taxes/sake/qa/06/32.htm］

ラーゴムに
エコな日々を送る

温室効果ガス排出の一因となっているのは、
乗りものだけではありません。
私たちが新しいものを買うとき、その製品は家に届くまでに
何千kmも旅をしています。そもそも製造過程でも、
エネルギーが使われています（ゴミも出ます）。
過去10年くらいのあいだに、私はスウェーデンではある動き
が広まっているのに気がつきました。賢くお金を使うスウェ
ーデン人は中古品を買い、貸し出しプログラムに参加し、
ものを修理して使うようになっているのです。
一度試してみると、これまでなんであんなに新しいものを買
っていたのかしら、と思うこと請け合いです！

環境に優しい移動手段

　スウェーデンでは、自転車を移動手段として盛んに使っています。とても実用的ですが、ふつうの自転車では、無理がある場合もあります――目的地が遠すぎたり、持ちものが多すぎたり、天気の神様が味方してくれなかったり（どんなに"天候にあった服装"でいても）。

　そんな日には、快適な車に飛び乗り、エアコンをつけてラジオに合わせて歌おう、という気になりますよね。ドアを開ければすぐ外に車はありますし、時刻表とにらめっこしたり、風が吹きつけるバス停で待ったりすることもありません。ですが二酸化炭素排出のことを思うと、環境に優しい手段はほかにもあります。

荷物運搬用自転車

　荷物運搬用自転車というのは、まえに荷台がついていて、車を使わなくても大荷物が運べるように設計されているものです。カーゴバイクとしても知られています。子どもや食料品、事務用品からクリスマスツリーまで乗せられるので効率よく、カーボン・フットプリントを増やさずに移動できます。おまけに、脚の筋肉も鍛えられます。ジムいらずですね。

電動アシスト自転車

　ある日、私がマルメの街を自転車で（例によって遅れ気味だったので）急いで走っていると、年配の男性が汗もかかずに涼しい顔で私を追い抜いていきました。驚いた私は、やや負けず嫌いなところを発揮して、追いつこうと必死でペダルをこぎました。それでもその人はどんどん離れていき、夕焼けのかなたへと去っていったのです。あとになってから、あれは電動アシスト自転車だったのだと気づきました。

　電動アシスト自転車とは、ペダルはついていますが、電動モーターの補助動力もあり、乗る人がどれくらい労力をかけるかを選べるものです。ふつうの自転車と同じように完全に自分の力でこぐこともできますし、モーターを使うこともできるので、遠くまで行くときには便利です。

　電源はバッテリーなので、速く移動できるだけではなく、カーボン・フットプリントを減らせそうですね。ただ、たしかに排気ガスは出ませんが、充電に使うエネルギーや電池交換や廃棄方法については考慮すべきでしょう。そうはいっても、ふつうの自転車では走れないような距離を日常的に移動するなら、車やオートバイと比べるとはるかに環境に優しいものです。燃料代もあまりかからず、渋滞にも巻きこまれません。

車をもっと効率よく使う

　自転車が大好きなスウェーデン人でも、車を使わざるを得ないときというのもあります。距離、時間、計画などの都合で車を使う場合でも、環境への影響をなるべく減らすことができます。たとえば通勤で使うなら、同僚と同乗することで、二酸化炭素排出量を減らせます。もし同じ方向に行く知り合いがいなかったり、片道しか車に乗らなかったりするのなら、相乗り用のウェブサイトに登録して、同じ方向に行く人を探しましょう。節約になるだけでなく、ひとりで退屈せずに、にぎやかで楽しく（あるいは、多少言葉を交わすように）なるかもしれません。

　スウェーデン人の友人たちの多くは、自家用車に投資するより、公的なカープールを利用することを選んでいます。カープールはレンタカーと似ていますが、必要に応じて数時間だけでも簡単に利用でき、（走行距離と時間に応じて）その都度支払うようになっていて、都市部では増えつづけています。都市に住んでいるなら、とても便利です——手入れの行き届いた清潔な車（後部座席にコーンフレークが散らばっているうちの車とちがって）に乗れますし、カーボン・フットプリントも減らせます。定期的に使うのでなければ、経済的にも効率がいいでしょう。

電気自動車

　電気自動車やハイブリッド・カーはいま、自動車業界で注目の話題です。2016年にオスロで開催されたスウェドバンク・ノルディック・エネルギー・サミットでは、作家で起業家のトニー・セバが、2030年までには道路を走る新しい乗りものはすべて電気走行のものになるだろう、と予測しました。ディーゼル燃料やガソリンを使う車と比べてどれだけ環境に優しくなるかは、電力源によるでしょう。ですがいったん道路を走り出せば、ハイブリッド・カーは従来の車より二酸化炭素や窒素を排出しないので、確実に環境に優しいといえます。また電気自動車に投資をすることは、環境に優しい世界のために努力している企業を支援していることにもなります。そして再生可能なエネルギー開発が進んでいるなか、車にも飛躍的な進化が期待できるかもしれません。

公共の交通機関

　究極の"相乗り"は、家のまえの通りの先にあります。そう、公共の交通機関です。バスというと、すぐに黒い排気ガスをまき散らしているイメージが浮かぶかもしれませんが、最近ではそれも変わってきています。世界各国の政府は、バスや鉄道、路面電車を環境に優しく、使いやすくする努力をしていて、そうすることで道路を走る高燃費の乗りものを減らそうとしています。スウェーデンでは、再生可能なエネルギーがバスの燃料の67パーセントを占め[13]、2025年までにはすべてのバスを再生可能なエネルギーで運行させるという目標を掲げているので、車よりも確実に環境に優しくなっています。公共の交通手段をできるだけ効率よくするには、ガラガラに空いている状態にしないことです。つまり、私たちがもっと列車やバスを利用すればいいわけですね。

静けさを楽しみましょう！

　スウェーデンの多くの都市では、とまっている車のなかに、エンジンをつけたまま1、2分以上いるのは、違法になります。最近の車はアイドリングストップ機能がついているものが多いですが、もしあなたの車がそうではなくて、友人を待ったり渋滞でとまったりすることがあれば、すこしのあいだエンジンを切ってみてはいかがでしょう？　二酸化炭素排出量を減らせますし、静かなひとときを楽しめます。

環境に優しいショッピング

　スウェーデン環境研究所によると、携帯電話は製造過程で1台につき、なんと86kgのゴミを排出しているそうです。壊れたときや、機種をアップグレードしたときに出るゴミは入れずに、です。「新しいものを買おうとするまえに、立ち止まって考えるということを私たちみんながもっとできるはずです」とスウェーデンの環境教育者、アン・ネールルンドは言います。「流行や広告、誘惑に抗うのは大変だと思いがちですが、それぞれのアイテムを買うことによる影響を考えはじめると、そうでもなくなります」

　買うのを控えるといっても、まったく買わずに済ますことはありません。地球に不要な負担をかけずに必要なものを手に入れる方法はいくつもあります。

環境問題を意識して買う

　欧州委員会の調査によると、スウェーデン人の40パーセントが毎月エコラベルのついた商品を購入していて、ヨーロッパのエコラベル購入ランキングのトップだそうです。エコラベルは、緑のシールとも呼ばれていて、消費者が買いものをするときに環境に配慮されているものを選ぶ目安になるものです。エコラベルのついた商品を選ぶことで、あなたは意識的に地球に優しい選択をしていることになります。化学薬品は使われていませんので、あなたの（そして製品をつくっている人たちの）健康にもいいはずです。

中古品を買う

　新品よりも中古品を選ぶ人が増え、ここ数年でスウェーデンの古着市場は劇的に伸びました。

　衣類をよみがえらせることで、新たなアイテムを製造し輸送するのに使われるエネルギーを保全することになりますし、個性的なファッションを楽しめます。

　でも服だけにとどまることはありません。スウェーデン人はロッピス（loppis／フリーマーケット）が大好きですし、地元のオンラインサイトやリサイクル・ショップ、不用品の交換所などをチェックしては、お目当てのものを探し当てます。バーンロッピス（barnloppis／子どものフリーマーケット）で子どもたちが、自分のおもちゃや服を売ったり、ものを買ったりするのを手伝います。まだこうしたことの充足感を味わったことがないのなら、試してみてはいかがでしょう？　よく探せば、たいていのものは手に入れることができます。

中古品で買うのに
最適なもの4つ

自転車。 高価な新しい自転車ではなく、中古品から選んでみてはいかがでしょう。すこしの努力で、手頃な自転車で通勤できるようになります。

子ども服とおもちゃ。 子どもたちは日に日に背が伸びてかわいくなっていきますが、それはつまり、着ない服や使わないアイテムが増えていくということです(なかには使わずじまい、というものも)。中古品も豊富ですし、新品同様のものも多くあります。

宝石。 あまり知られていないのですが、中古品の宝石は比較的手頃です。美しい一品を、店で買うよりお得に求められます。またそこに歴史があることで、唯一無二のものになります。

スポーツ用品や楽器。 現実的になりましょう。私たち(あるいは子どもたち)が新しいスポーツや楽器をはじめようとするとき、プロが使うようなピカピカな用具や楽器は必要ないですよね? だったら中古で探してみてはいかがでしょう。スキー板、テニスラケット、ヴァイオリンなどは格安で手に入りますし、すこし手入れをすれば見事に生まれ変わります。もしそうでなくても、思ったよりパフォーマンスがうまくいかなかったときに"道具"のせいにできます!

共有する

　うちの家族は、ありがたいことに近所の人たちにとても恵まれています。何度彼らのドアをノックしてものを借りたことかしれません。いつでも協力的なので、逆に何かを借りにうちに来てくれることがあると、ほっとします。

　こうした"借りる"行為は、人類が社会生活をはじめたときからあるものです。最近は、これが見直され、あらたな再利用のスキームができています。たとえば私が住むマルメにも、多くのシェアリング・スキームがあります。DIYの工具の貸し出しサービスもありますし、フリーティーズバンケン（Fritidsbanken／レジャー銀行）では、スポーツ・レジャー用品を貸し出しています。いずれも無料で使うことができます。あなたの住む街でもシェアリング・スキームがないか探してみましょう。

靴下をかがる

　靴下をかがるのはもう長いあいだ、過去の遺物とされてきました。今日では、穴のあいた靴下は、すぐさまゴミ箱行きです（とくにスウェーデンでは、靴を脱いで家にあがるので、靴下から足の指がのぞいているのを見られる確率が高いです）。ほかにも、私たちは壊れたものは何でも捨てています。電気器具やおもちゃ、家財道具など、すべて、おそらく埋め立てに使われます。

　ですがスウェーデンでは、こうした習慣は変わりはじめています。たとえば洗濯機やオートバイ、服などを修理したり直したりする人に対して、政府が減税措置や付加価値税の引き下げを実施するという計画があるのです。そしてヌーディージーンズなどのスウェーデンのブランドも、顧客に店舗での無償リペア・サービスを提供しています。「私たちは"捨てる"と"ジーンズ"というふたつの言葉は相容れないと思っていま

す」と、同社の環境マネジャー、エリーナ・ブリンクベリは言います。「消費をゆっくりにして、衣類を長持ちさせてほしいという思いから、お客様に長く身に着けてもらえるような機会を提供したいと考えています」

　次に何かをゴミ箱に放りこもうとしたとき、一度立ち止まって、直して使えないか考えてみてください。もしかしたら靴下をかがりはじめるかもしれないですね。

結びの言葉

"ちょうどいいのがいちばん"
スウェーデンのことわざ

　この本を書くのは、けっこうな道のりになりました。私はスウェーデン人の夫と13年間スウェーデンで暮らしてきて、子どもたちもここで学校に通っているので、この国のことや、ラーゴムなライフスタイルについては熟知しているものと思っていました。テンポの速い"ロンドンっ子"気質は奥に引っこみ、穏やかな人になった気がしていたのです。ウムゴース（umgås／ゆったりする）やフィーカ（fika／コーヒー休憩）の時間もとっています。休みの日はなるべく仕事をしないように心がけていますし、子育てと家事は夫とフィフティフィフティで分担しています。雪の日に、自転車で出かけることもあるくらいです。もうかなりスウェーデン人らしいでしょう？

　この半年間、私は大勢のスウェーデン人とラーゴムについて話す機会に恵まれました。家族、友人たち、専門家、それにときにはカフェで隣り合わせた人に話しかけたことも（物静かな人との会話には、ラーゴムはいいきっかけになります）。ラーゴムについては誰もが話すことがあるようで、みんな熱心に語ってくれました。私が感動したのは、スウェーデン人にとってラーゴムとは、ほぼ無意識に行われているものだということでした。ゆっくりと、手間のかからないやり方でものごとをこなしていくのは、彼らにとってはミートボールのマッシュポテト添えを食べたり、イケアで家具を買ったりするのと同じくらい当たり前のことなのです。

　よく言うように、"女の子をロンドンから出すことはできても、女の

子からロンドンを出すことはできない"ようです。スウェーデンに住むイギリス人として、私にはどうしてもやめられない(正確には、やめたくない)習慣があります。きっとあなたも同じでしょう。でもそれって、完全にOKなんです。ラーゴムなアプローチのいいところは、それが個人的なことだというとことです。あなたにとって、心地いいバランスを見つけることなのです。ケーキを食べたい、と思ったら食べましょう。酔って多少羽目を外したってかまいません。そしてそのあと、1か月くらい反省してストイックなダイエットをしたり、エスプレッソマティーニを避けたりすることもありません。

　ラーゴムは、生活のなかの喜びを否定しません。すべてをほどよく、バランスのとれたやり方で楽しみます。私がそうだったように、あなたもラーゴムを試してみて、日々の習慣をすこしずつ変えていくことで、バランスが整ってくるのを感じるのではないでしょうか。そして、穏やかな充実感に満たされることでしょう。

1章注釈

1. McMains, S. & Kastner, S., 'Interactions of top-down and bottom-up mechanisms in human visual cortex', *Journal of Neuroscience*, Jan 2011, 31(2); doi:10.1523/JNEUROSCI.3766-10.2011

2. Nieuwenhuis, M., Knight, C. et al., 'The relative benefits of green versus lean office space: Three field experiments', *Journal of Applied Psychology*: Sept 2014, 20(3), pp.199–214:

3. Van den Berg M., Maas J., et al., 'Autonomic nervous system responses to viewing green and built settings' *International Journal of Environmental Research*, 2015, 12(12); doi:10.3390/ijerph121215026

4. Harb, F., Hidalgo, M.P., & Martau, B., 'Lack of exposure to natural light in the workspace is associated with physiological, sleep and depressive symptoms', *Chronobiology International*, Apr 2015, 32(3):, pp.368–75.

5. 古いタイプのLED電球は明暗度しか変わりませんが、新しいタイプは色温度も変化します。

6. https://www.rugdoctor.co.uk/about-us/news/what-lies-beneath-the-dirty-truth-about-our-carpets

7. Hysing, M., Pallesen, S., et al., 'Sleep and use of electronic devices in adolescence', *BMJ*, 2015, 5(1)

8. Jansky, L. et al., 'Immune system of cold-exposed and cold-adapted humans' *European Journal of Applied Physiology*, 1996, 72(5-6) pp. 445-50

9. Shevchuk N., 'Adapted cold shower as a potential treatment for depression', *Medical Hypotheses*, 2008, 70(5), pp. 995-1001

10. Laukkanen T., Khan H., Zaccardi F. & Laukkanen J.A., 'Association between sauna bathing and fatal cardiovascular and All-cause mortality events'. *JAMA Internal Medicine*. 2015, 175(4) pp. 542-548; doi:10.1001/jamainternmed.2014.8187

11. Richardson, M., Cormack, A., et al., '30 days wild: Development and evaluation of a large-scale nature engagement campaign to improve well-being' PLOS, Feb 2016; https://doi.org/10.1371/journal.pone.0149777

12. Uusitupa M., et al, 'Effects of an isocaloric healthy Nordic diet on insulin sensitivity, lipid profile and inflammation markers in metabolic syndrome' *Journal of International Medicine*, March 2013; doi:10.1111/joim.12044

13. Heyman, L., Axling, U., Blanco, N., et al., 'Evaluation of beneficial metabolic effects of berries in high-fat fed C57BL/6J mice', *Journal of Nutrition and Metabolism*, Jan 2014; doi:10.1155/2014/403041

14. Martin, A., Goryakin, Y., & Suhrcke, M., 'Does active commuting improve psychological wellbeing? Longitudinal evidence from eighteen waves of the British Household Panel Survey' *Preventive Medicine*, Dec 2014; https://doi.org/10.1016/j.ypmed.2014.08.023

15. Pencavel, J., 'The productivity of working hours' Stanford University, Apr 2014; http://ftp.iza.org/dp8129.pdf

16. Rosenberg, J., Maximov, I.I., Reske, M., Grinberg, F. & Shah, N.J., '"Early to bed, early to rise": Diffusion tensor imaging identifies chronotype-specificity' *NeuroImage*, Jan 2014; https://doi.org/10.1016/j.neuroimage.2013.07.086

17. Randler, C., 'Proactive people are morning people' *Journal of Applied Social Psychology*, 2009, 39(12); doi:10.1111/j.1559-1816.2009.00549.x

18. Elias, C., 'Morning people happier and healthier than night owls', University of Toronto Faculty of Arts & Science, June 2012; http://www.artsci.utoronto.ca/main/newsitems/morning-people-happier

19. Hunter, E. M. & Wu, C., 'Give me a *better* break: Choosing workday break activities to maximize resource recovery' *Journal of Applied Psychology*, 101(2), Feb 2016; doi: 10.1037/apl0000045

20. DESKTMEアプリから分析したデータ。

21. *Cornell Chronicle*, Sept 1999; http://www.news.cornell.edu/stories/1999/09/onscreen-break-reminder-boosts-productivity

22. Suomen Akatemia (Academy of Finland), 'Listening to music lights up the whole brain' *ScienceDaily*, Dec 2011; https://www.sciencedaily.com/releases/2011/12/111205081731.htm

23. Journal of Sleep and Sleep Disorders Research, 2013, 36(1); http://www.journalsleep.org/resources/documents/2013AbstractSupplement.pdf

24. *Cornell Chronicle*, Oct 2004; http://www.news.cornell.edu/stories/2004/10/warm-offices-linked-fewer-typing-errors-higher-productivity

25. Nieuwenhuis, M., Knight, C., Postmes, T. & Haslam, S. A., 'The relative benefits of green versus lean office space: Three field experiments'. *Journal of Experimental Psychology*, Sept 2014, 20(3), doi; 10.1037/xap0000024

26. https://www.glassdoor.com/press/glassdoor-survey-reveals-average-american-employee-takes-earned-vacationpaid-time-61-report-working-vacation/

27. de Bloom, J., Geurts, S. & Kompier, M., 'Vacation (after-) effects on employee health and wellbeing, and the role of vacation activities, experiences and sleep' *Journal of Happiness Studies*, Apr 2013, 14(2); https://doi.org/10.1007/s10902-012-9345-3

2章注釈

1. Mostofsky, E., Rice, M.S., et al., 'Habitual coffee consumption and risk of heart failure: A dose-response meta-analysis' *Circulation: Heart Failure*, July 2012, 5(4), pp.401–5

2. Hedström, A.K., Mowry, E.M., et al., 'High consumption of coffee is associated with decreased multiple sclerosis risk', *Journal of Neurology Neurosurgery and Psychiatry*, March 2016; doi:10.1136/jnnp-2015-312176

3. Rosendahl, A.H., Perks, C.M., Zeng, L., et al., 'Caffeine and caffeic acid inhibit growth and modify estrogen receptor and insulin-like growth factor/Receptor levels in human breast cancer', *Clinical Cancer Research*, March 2015; doi:10.1158/1078-0432.CCR-14-1748

4. Gottman, J.M. & Levenson, R.W., 'A two-factor model for predicting when a couple will divorce' *Family Processes Journal*, 41(1), 2002, pp. 83-96.

5. The Knot 2015 Real Weddings Survey

6. Francis, A.M. & Mialon, H.M., '"A diamond is forever" and other fairy tales: The relationship between wedding expenses and marriage duration', Sept 2014, available at SSRN; https://ssrn.com/abstract=2501480

7. Morrison, M. & Roese, N.J., 'Regrets of the typical American: Findings from a nationally representative sample', *SAGE Journal, Social Psychological and Personality Science*, 2(6), March 2011.

8. Sylva, K., Melhuish, E., Sammons, P., Siraj-Blatchford, I., & Taggart, B. 'Early childhood matters: evidence from the effective preschool and primary education project' Oxford, Routledge 2010.

9. Caldera, Y.M., O'Brian, et al., 'Children's play preferences, construction play with blocks, and visual-spatial skills: Are they related?', *International Journal of Behavioural Development*, 1999, 23(4), pp. 855–72.

10. Nolan, G., McFarland, A., Zajicek, J. & Waliczek, T., 'The effects of nutrition education and gardening on attitudes, preferences, and knowledge of Minority Second to Fifth Graders in the Rio Grande valley toward fruit and vegetables', *HortTechnology*, June 2012, 22(3), pp.299–304.

11. Sherwin, J.C., Reacher, M.H., Keogh, R.H., et al, 'The association between time spent outdoors and myopia in children and adolescents', *Ophthalmology*, Oct 2012, 119(10), pp. 2141–2151.

12. Blackwell, S., 'Impacts of long-term forest school programmes on children's resilience, confidence and wellbeing', Wordpress, June 2016

13. Suggate, S.P., Schaughency, E.A. & Reese, E., 'Children learning to read later catch up to children reading earlier', *Early Childhood Research Quarterly*, 28(1), 2013, pp.33–48.

14. Wikipedia: https://en.wikipedia.org/wiki/Hen_%28pronoun%29

3章注釈

1. Anik, L., Aknin, L. B, Norton, M. I. & Dunn, E.W., 'Feeling good about giving: The benefits (and costs) of self-interested charitable behavior', Harvard Business School, 2009

2. Wike, R., Stokes B., & Simmons K., 'Europeans fear wave of refugees will mean more terrorism, fewer jobs', *Pew Research Center*, July 2016

3. 'Reducing wasted food and packaging: A guide for food services and restaurants', United States Environmental Protection Agency, 2015

4. Eurostat, news release, Feb 2016 www.sweden.se

5. Palmer, J., Terry, N. & Pope, P., 'How much energy could be saved by making small changes to everyday household behaviours?', *Cambridge Architectural Research*, Nov 2012

6. 'Goodnight light bulb: The Swedish Energy Agency's guide to the new light', Energimyndigheten, March 2011

7. Office of Communications (Ofcom) 'The UK Communications Market Report', Aug 2008

8. C0337 Energy Saving Trust 'At Home with Water', July 2013

9. Foekema, H.; van Thiel, L., Lettinga, B. Watergebruik Thuis 2007 [in Dutch]; Vewin—Vereniging van waterbedrijven in Nederland: Amsterdam, The Netherlands, 2008.

10. Paul Scheckel, *Home Energy Pros*, June 2016

11. Pimentel, D. & Pimentel, M., 'Sustainability of meat-based and plant-based diets and the environment' *The American Journal of Clinical Nutrition*, Sep 2003, 78(3), 660S-663S

12. United States Environmental Protection Agency, 2014

13. Xylia, M. and Silveira, S., 'On the road to fossil-free public transport: The case of Swedish bus fleets', *Energy Policy*, Feb 2016; https://doi.org/10.1016/j.enpol.2016.02.024

索引

斜体表記のページは、イラストや写真を示します。

【あ】

アウトドア
　子どもと楽しむ*168*, 169, *170*；楽しむ方法*62*, 63

あたたかく86, 136, *136-137*, 231-237

イースター194-195
　卵の戦い195；卵を染める194；卵転がし195；テーブル・デコレーション195

家14-45
　アートや工作26；キャンドルのあかり38, 39, 40, *40*, 41；すっきり／きれいに16-19, 42；色温度39；遮光36；片づけ16-18；DIY25；しつらえ20-27；壁をギャラリーに34, *35*；家のなかでも元気に育つ6つの観葉植物30-31, *30*, *31*；写真34；光36-41, *37*, *40*；自然を思い出に変える34；心地よく、より自然に近づく28；植物のチカラ32；合理的に考える24；マット43, 44, *45*；中古品20-22；靴を脱ぐ42, 43；花瓶に1輪の花33；工具の壁面収納25；電球を花瓶に27, *27*；花瓶だけにとらわれない33

家でエネルギーを節約する228-241
　新たな省エネ習慣を取り入れる234-237；ドアを閉める233；家のエネルギー利用231-232；再生可能なエネルギー230, *230*；太陽光発電の屋外シャワー240, *241*；小さなことからはじめる229；水を節約する238, 239, 240

イケア24, 280

1対1の時間156

移動手段269-273, *269*, *272*

イルッカ・スッパネン33

色温度39

ウェディング144-145, 148, 149, *149*, *152*；友人たちの協力149；ゲーム153；婚前パーティー145, 146, 147, *147*；写真150；素朴な場所で150；スピーチ151；テーブル・セッティング151

ウェディング・ゲーム153

運動78-81
　自転車に乗る80-81；日常生活に運動を取り入れる方法79

エコな日常268-279
　借りる278；環境問題を意識して買う274；車を効率よく使う271, 272, 273；電動アシスト自転車270-271；電気自動車272；荷物運搬用自転車270；公共の交通機関273；中古品を買う275, *275*, 277；環境に優しいショッピング274-279；靴下をかがる278-279, *279*；環境に優しい移動手段269-273, *269*

餌台をつくる218-219

エルダーフラワー・コーディアル264, 265

お泊り203

おめかしボックス162

思いやり212, 213

おもちゃ160-161

おもてなし134, *134*, 135

おやつ166, *167*

【か】

買う
　意識的に114；環境に優しい274；中古品22, 275, *275*, *276*, 277；食料品252

家具15, 20-21, 24

過剰包装225-226

家事を分担する142, 280

花瓶
　電球からつくる方法27, *27*；花瓶にとらわれずに飾る33

カプセル・ワードローブ82, 83, *84*, 85

壁をギャラリーに34, *35*

髪88, 89

体が喜ぶ74-89
　天候に合った服を選ぶ82-89；スウェーデン流の食事76-77；ほどよく食べる75；運動78-81

借りる278

聞き役になる122, *122*, 123

木々を守る224

季節のイベント182-203
　クリスマス183-193；イースター194-195；ゲスト200-203；夏至196-199

キッチン
　エネルギー効率よく料理する243, 244, *245*；残りものから植物を育てる261, 262, 263

キャンドルのあかり38, 39, 40, *40*, 41, 187-188, 190-191

キャンドルつきリース190-191

キャンプ60, 70, 72, *72*, 73

休暇70-73

休暇日数113

休憩する98, *99*, 100

教育176-181

共有の菜園261

靴42, 43, 87

靴下をかがる278-279, *279*

暮らし12-117

クリスマス183-193
　キャンドルつきリース190-191；手芸188-193；飾り184, 188, 189, 190, 191；ジンジャーブレッド・ハウス193, *193*；氷のティーライト・ホルダー191；ペッパーコール（ジンジャービスケット）192；ツリー185, 186, *186*, 187-188

車
　効率よく使う116, 271, 273；電気272；シェア116

携帯電話17, 111, 116, 126, 165, 274

夏至196-199

結婚のあり方140

公共の交通機関273

工具の壁面収納25

コーヒー41, 98, 127, 128, 143

コケモモ（リンゴンベリー）75, 76, 246, 248-249

心を落ち着かせる46-73

ひとりで自然のなかに64, 65；キャンプ72, 72, 73；食用キノコ68, 69；採集66, 67, 68, 69, 69；休暇70-73；モロンドップ（朝の水浴び）52, 54, 55；アウトドアを楽しむ方法62, 63；サウナ56, 56, 57, 58；睡眠47-51；別荘71；自然のなかへ60, 61

子育て154-181

退屈する159；伝統的な手芸163；天候に合った服を子どもに着せる172-173, 173, 174, 174, 175, 175；おめかしボックス162；森の学校172；フレーダスミス（くつろぎの金曜日）165-166；学び176, 178-179；ローダースグーディス（土曜日のおやつ）166；すべてを、ほどほどに165；1対1の時間156；子どもとアウトドアを楽しむ168, 169, 170；育児休業158-159；ピンクとブルー180, 181；ナナカマドの実のネックレス171；子どもに言うべきこと179；スーパーマンではない155；おやつ166, 167；おもちゃ160-161；トロールデッグ（塩の粘土）164

コミュニティー意識206-213

コミュニティーに貢献する、5つの素敵な方法211；三輪車の贈りもの212；困っている人々に手を差し伸べる208, 209；思いやり212, 213；まわりの人のことを考える207；ボランティア活動210, 210

婚前パーティー144, 145, 146, 147, 147

【さ】

菜園256
採集60, 63, 66, 67, 68, 68, 69, 69, 189, 224
再生可能なエネルギー230, 230, 234, 272, 273
サウナ56, 56, 57, 58
裂き織りマット44, 45
作業空間をよみがえらせる106-107
時間を守ること125

自然

ひとりで楽しむ64；ミツバチ220, 221, 221, 222, 223；鳥、餌をやる217；室内にとりこむ28, 29；子ども168, 169, 170；心地よく、近づく28；アウトドアを楽しむ方法62, 63；虫のホテル220；庭に多様性を216；過剰包装225-226；リサイクル226-227；尊重する214-227；ゴミを再利用する227；地域をきれいに保つ224-225；木々を守る224；思い出に変える34；水場をつくる217；野生生物に手を差し伸べる215；餌台をつくる218-219, 219

自然のなかへ60, 61
自転車80, 80-81, 81

乗るべき理由80, 81；環境に優しい移動手段269, 270-271；電動アシスト自転車270-271；日常生活に運動を取り入れる方法79；荷物運搬用自転車270；中古品を買う277；スウェーデンのカルチャー80, 80-81

シナモンロール132-133
写真34
シャワー

最後に冷水を52；太陽光発電の屋外シャワー240；ウォーター・フットプリント238, 239

手芸26, 163, 188-193
シュナップスに香りづけする266, 267
正直であること124
食品の保存254
植物30-31, 108, 108

ミツバチが好むもの222, 222, 223, 223；植物のチカラ32；キッチンの残りものから育てる261, 262, 263；家のなかでも元気に育つ6つの観葉植物30-31

食用キノコ66, 68, 69
ジンジャーブレッドハウス193, 193
睡眠47

遮光36；日記をつける50；スウェーデン人のように眠る方法51；寝るまえの活動48, 49；頭を準備する49

スウェーデンのことわざ70, 87, 114, 143, 159, 178, 192, 207, 229, 231, 280
すっきり16, 17, 19
ストックホルム221, 238, 251
すべてを、ほどほどに165-167
成功90-117

仕事のあとの過ごし方109-110；年次休暇112, 113；休憩をとる98, 99, 100；意識的な買いもの114；早起き94, 95, 97；ランチ101, 102, 102, 103, 103；ランチタイムに行うべきこと104, 105；植物108, 108；貯金114, 116, 117；電源を切る109, 111；20分ルール107；ワーク・ライフ・バランス92-93；作業空間をよみがえらせる106-107

セックス54, 144
洗濯16-18, 42

【た】

退屈する159
堆肥255
太陽光発電の屋外シャワー240
食べる

ほどよく75；スウェーデン流76-77

地域をきれいに保つ224-225
中古品を買う22, 275, 275, 276, 277
調光39
貯金114, 116, 117
DIY25, 27, 218-219
電源を切る109, 111
鳥215, 216, 217, 218-219, 219, 220
トロールデッグ（塩の粘土）164

【な】

ナナカマドの実のネックレス171
肉を食べる246
20分ルール107
庭

立体菜園256, 258, 259, 259；自然のままに216, 217, 217

人間関係138-153

バランス139；家事142；平等性140-141；思いやり143；いっしょに暮らす140；セックス144；好きなことをする時間142；ウェディング144-153
年次休暇112
脳の働きをよくする食べもの102, *102*, 103, *103*
残りもの254

【は】
ハイキング64
花33, 198, 199, *199*, 222, *222*, 223, *223*
花冠198, *199*；楽しむ手引き196-199；ロマンス199
早起き94, 95, 97
光36-41, *37*, *40*, 234, 235
　キャンドルのあかり38, 39, 40, *40*, 41, 187, 190-191；色温度39；遮光36；あかりを灯す時間38；自然光36, *37*；実用的な照明39
ピッティパンナ（フライパンのなかの小さいもの）254
フィーカ（コーヒー休憩）9, 11, 98, 127, 128, *129*, 130, *130*, 131, 132, 135, 280
服装
　天候に合った服を子どもに着せる172-175, *173*, *174*, *175*；天候に合った服を選ぶ82-89
フットプリントを減らす242-267
　菜園256；堆肥255；食事におけるエネルギー消費246, 247；わずかなスペースで菜園をつくる256, *257*, 258；食品は見えるように253, *253*；食品ロス250, 251, *251*；野菜を育てる256, *257*；エネルギー効率よく料理する243, 244, *245*；残りものとピッティパンナ（フライパンのなかの小さいもの）254；肉を食べる246；シュナップスに香りづけする*266*, 267；キッチンの残りものから植物を育てる261, 262, *263*；買い物、食料品252；食品の保存254；共有の菜園*260*, 261；立体菜園259, *259*
フレーダスミス（くつろぎの金曜日）165-166
プレゼント
　カード／ギフトラベル203；ギフト・ラッピング202, *202*；ギフト200-201, *201*
ペッパーココール（ジンジャービスケット）131, 186, 192, 193
ヘレナ・クビチェック・ボイエ47, 49
ボランティア208, 209, 210, *210*, 211

【ま】
マーリン・ニールベリ209
マイブリット・ヨンソン55
マット28, 43, 44, 232
マルメ10, 55, 80, *80-81*, 92, 208, 221, 229, 270, 278, 288
水
　冷たい水に入るには55；節約238, 239, 240, *241*
身近な人たちとの関係118-203
ミツバチ215, 220, 221, *221*, 222, 223
虫のホテル220
森の学校172
モロンドップ（朝の水浴び）52, 54, 55

【や】
野生生物に手を差し伸べる215, 216, 217, 224, 225
友情120-138
　コーヒー128；おもてなし134, *134*, 135；フィーカ127, 128, *129*, 130, *130*, *131*；友達と過ごす楽な方法135；正直であること124；あたたかく136, *136-137*；聞き役になる122, *122*, 123；携帯電話126；時間を守る125；スウェーデンのおやつ130, *130*, 131, *131*；結婚式149

【ら】
ラーゴム
　出会い9-11；日々の暮らし12-117, 身近な人たちとの関係118-203；社会との関わり204-279
ラッグムンク（ポテト・パンケーキ）242, 246, 248-249, *249*
　ポテト・パンケーキのコケモモ（リンゴンベリー）ジャム添え246, 248-249, *249*
ランチ101, *101*, 102, *102*, 103, *103*
ランチタイムに行うべきこと104, *105*
リサイクル19, 226-227, 228, 267
立体菜園256, 258, 259, *259*

【わ】
ワーク・ライフ・バランス92-93
わずかなスペースで菜園をつくる256, *257*, 258

写真協力（掲載順）

- 2 Majik M/Unsplash
- 6 John Price/Unsplash
- 15 Siebe/Unsplash
- 18 © Niki Brantmark
- 21 Maria Gustavsson, Swedish Ninja © Niki Brantmark
- 23 Jazmin Quanor/Unsplash
- 27 plainpicture/Britta Warnecke
- 29 Gaelle Marcel/Unsplash
- 32 Lauren Mancke/Unsplash
- 35 plainpicture/fStop/Larry Washburn; Anton Darins Sollers/ Unsplash; Lee Key/ Unsplash; Emmanuel Maceda/Unsplash; Jessica Ruscello/Unsplash; Matthew Meijer/ Unsplash; Jason Blackeye/Unsplash; Aiden Meyer/Unsplash; Warren Wong/Unsplash; Jean Gerber/Unsplash; Gili Benita/Unsplash; Geoffrey Arduini/Unsplash; Angelo Pantazis/ Unsplash; Jeremy Bishop/Unsplash/ Ezra Jeffrey/ Unsplash; Issara Wilkenskomer/Unsplash; Jesse Gardner/Unsplash
- 37 Christophe Morr/Unsplash
- 40 Jovi Waqa/Unsplash
- 45 plainpicture/Johner/Ulf Huett Nilsson
- 47 © Niki Brantmark
- 48 Giulia Bertelli/Unsplash
- 50 plainpicture/harry + lidy
- 53 Adi Ulici/Stock Snap/Unsplash
- 55 plain picture/Cavan Images
- 56 Ferrantraite/Getty Images
- 59 Henrik Trygg/Getty Images
- 61 Matt Thomason/Unsplash
- 62 Blake Lisk/Unsplash
- 65 Megan Lewis/Unsplash
- 66 Sandis Helvigs/Unsplash
- 70 plainpicture/Johner/Platform
- 72 Glen Jackson/Unsplash
- 75 Cala Maffia/Unsplash
- 78 Matthew Kane/Unsplash
- 80-1 Folio Images/Alamy Stock Photo
- 83 StockSnap/Unsplash
- 84 I M Priscilla/Unsplash
- 86 Cameron Stow/Unsplash
- 88 plainpicture/LPF
- 91 Anh Phan/Unsplash
- 93 Sarah Dorweiler/Unsplash
- 95 Cerys Lowe/Unsplash
- 96 Iris Juana/Unsplash
- 99 plainpicture/Westend 61/Uwe Umstatter
- 101 Brooke Lark/Unsplash
- 105 plainpicture/Johner/Johan Alp
- 108 © Niki Brantmark
- 110 I M Priscilla/Unsplash
- 113 Andrew Neel/Unsplash
- 115 StockSnap/Unsplash
- 117 Volkan Olmez/Unsplash
- 121 plainpicture/Stephanie Neumann
- 122 Thomas Barwick/Getty Images
- 129 Loli Clement/Unsplash
- 134 Brooke Lark/Unsplash
- 136-7 Eli Defaria/Unsplash
- 139 Maskot/Getty Images
- 147 Jordan Siemens/Getty Images
- 149 Omar Lopez/Unsplash
- 152 Ben Rosett/Unsplash
- 155 Cultura Exclusive/Moof/Getty Images
- 157 Caleb Jones/Unsplash
- 162 Lotte Meijer/Unsplash
- 167 plainpicture/Reilike Landen
- 168 Caleb Jones/Unsplash
- 171 Kris Atomic/Unsplash
- 173 plainpicture/Cultura/Aliyev Alexei Sergeevich
- 177 Jim Hughes/Getty Images
- 181 Alona Kraft/Unsplash
- 183 plainpicture/Johner/Anna Skoog
- 186 plainpicture/Cultura/jf
- 189 Alisa Anton/Unsplash
- 193 plainpicture/Johner/Pernilla Head
- 199 Jordan Sanchez/Unsplash
- 201 Leonardo Wong/Unsplash
- 202 plainpicture/Folio Images/Lina Ostling
- 207 Benjamin Combs/Unsplash
- 209 Kristina M M/Unsplash
- 210 Maskot/Getty Images
- 215 Kaufman Mercantile/Unsplash
- 217 Eli Defaria/Unsplash
- 219 Bonnie Kittle/Unsplash
- 221 Brad Huchteman/Unsplash
- 229 Westend61/Getty Images
- 230 Karsten Wurth/Unsplash
- 233 Thought Catalog/Unsplash
- 235 Maria Orlova/Unsplash
- 236 Sabri Tuzcu/Unsplash
- 241 Shutterstock.com
- 243 Kelly Sikkema/Unsplash
- 245 © Niki Brantmark
- 246 plainpicture/Westend61/Mandy Reschke
- 249 plainpicture/Image Source/Brett Stevens
- 251 Jennifer Pallian/Unsplash
- 253 plainpicture/Image Source/Heather Binns
- 257 Hero Images/Getty Images
- 259 Karyn Millet/Alamy Stock Photo
- 260 plainpicture/Maskot
- 266 Shutterstock.com
- 269 Sagar Rana/Unsplash
- 272 Brad Neathery/Unsplash
- 275 Bart Jaillet/Unsplash
- 276 Annie Spratt/Unsplash
- 279 Olliss/Unsplash
- 281 Angeli Lundblad/Unsplash
- 288 Alejandro Escamilla/Unsplash

謝辞

　信じられないくらい多くの人が、この本に貢献してくれました——これは、本当にチームワークの賜物です！　ひとりひとり名前を挙げていくと、さらに1章増えそうなくらいです。情報、知識、体験、DIYのアイデア、レシピなどを、ここ数か月間、多くの人が私に教えてくれました。みんなが心を開いてくれたので、スウェーデンに歓迎されている、と私は心から感じることができました。昔から変わらずにそばにいてくれるみんなにも感謝しています。

　全員に対して精一杯、個別にお礼を言ったつもりです。それでも愛情、サポート、はげましの言葉にどれだけ感謝しているか、ここでもう一度伝えたいと思います。実に"ちょうどいい"具合でした！

著者 ニキ・ブラントマークについて

　ロンドン出身。エジンバラ大学で心理学の文学修士号を取得。スウェーデン人の夫と3人の子どもたちと暮らす、スウェーデンのマルメでの生活から生まれたインテリア・デザイン・ブログ "My Scandinavian Home"(私の北欧の家)のクリエイター。著書に『Modern Pastoral（現代の田舎）』と『The Scandinavian Home（北欧の家）』がある。